図書館パートナーズのつくり方

小田垣宏和

〜図書館からのコミュニティづくり〜

YUKENSHA

図書館パートナーズのつくり方

～図書館からのコミュニティづくり～

はじめに

本書の目的

みなさんは図書館パートナーズと聞くと、どんなイメージをお持ちでしょうか？図書館でボランティア活動をする団体は昔からありますが、ほとんどは図書の排架や修理など図書館の業務を手伝うボランティアや、いわゆる図書館友の会や図書館を考える会のような図書館に意見する団体です。

図書館パートナーズは、自立し図書館と協働で活動する新しいボランティアを行う集団です。自ら考え企画し実行します。その目的はメンバーそれぞれですが、自己実現や自己成長、地域活性化やコミュニティづくりなど多彩です。

本書の対象者は、図書館員で図書館ボランティアによるイベントを開催したい方、図書館で自分の興味があることを講座にしてみたい方、図書館のボランティア活動に興味がある方、行政と区民との協働によるまちづくりに興味がある方、セカンドライフのために何か始めたい方、図書館の新たな活用を考えている方、地域のつながりをつくりたい方など、要するに自分のため、社会のために図書館と書籍をツールとして活動したい人です。

図書館パートナーズの活動によって、次のようなメリットがあります。

図書館にとっては図書館の活性化です。市民による図書館の枠を超えた企画によるイベントを開催することで、今まで図書館に来なかった人たちの関心を引くことができます。市民との協働によって、今までなかった多彩なコミュニティづくりが可能になります。

市民にとっては、自分のやりたいことを図書館で企画して実現できる。自己実現と自己成長が可能です。若年層にとっては、会社以外の地域の人たちからの学びが大きいでしょう。中高年にとっては、セカンドライフのための趣味づくりや、図書館を生涯学習の場として活用できます。地域貢献による地元での人脈形成、ビジネス支援という観点から起業や複業のための実験的な取り組みもできます。

本書を読めば図書館パートナーズのつくり方はもちろん、どんなことで失敗するのかも学べます。読者のみなさんが図書館を通じて、それぞれの目的で活躍できるためにお役にたてればうれしいです。

本書の紹介

本書の内容を簡単にご紹介します。

第1章は筆者の紹介です。一般サラリーマンがなぜ図書館ボランティアになったか、図書館パートナーズの活動が人生のターニング・ポイントになったことを書いています。私は現在55歳ですが、もうすぐ定年を迎える同世代の方には特に読んでもらいたい内容です。

第2章は、「墨田区ひきふね図書館パートナーズ」(以下、「ひきふね図書館パートナーズ」)についての紹介です。現在は年間約60イベントを開催するほど活発な活動を行っている団体ですが、暗中模索の立上げ時は、手探り状態でした。現在の活動ができるようになった経緯について書いています。

第3章では本題である図書館パートナーズのつくり方についてです。メンバー募集からボランティア養成講座の内容、組織運営のノウハウなど実際に培ってきたノウハウを惜しみなく披露しています。図書館員もボランティアもこの章に書かれていることを実践すれば、安心して図書館パートナーズの活動を始めることができます。

第4章では、図書館イベントのつくり方をご紹介します。誰でも何かしら持っている特技や、興味を持っている事柄について簡単にイベントにして参加者と楽しむことができます。アイデア発想方法や企画書フォーマット、活動手順などそのまま運営に使っていただける内容です。

第5章は6年間活動している「ひきふね図書館パートナーズ」の創世記です。私自身もそれまでのサラリーマン人生では味わえなかった様々な学びがありました。ひきふね図書館パートナーズの誕生には軌道に乗るまでの紛糾や混乱、様々な人間模様がありました。そんな事態を克服し、現在のような活動に至った軌跡を記しています。

第6章ではひきふね図書館パートナーズから派生した個人事業の『図書館パートナーズ』についてのご紹介です。行政と市民が協働で図書館を盛り上げる図書館パートナーズの全国展開は私のミッションです。図書館からの地域コミュニティに貢献する図書館パートナーズに共感された方たちが全国で活動を開始しています。

第7章では、「ライブラリー・ファシリテーター」についてお話しします。「ライブラリー・ファシリテーター」とは図書館を活性化する人のことです。従来の司書課程では学べなかった、図書館で行うイベントについて企画から実際の「場づくり」まで独自で行えるスキルを持つ、図書館からの地域活性化に貢献できる人です。もちろん、図書館員だけでなく、ボランティアでも「ライブラリー・ファシリテーター」として活躍できます。

公共図書館や学校図書館で「ライブラリー・ファシリテーター」として活躍されている図書館員さんたちについてご紹介します。

そして第8章では、私自身が図書館パートナーズの活動から得た「財産」についてお伝えいたします。まさにこれからセカンドライフを迎える方にはぜひお読みいただきたいです。

図書館パートナーズ　**小田垣　宏和**

〈目　次〉

はじめに

第1章　私はなぜ図書館ボランティアになったか？

第2章　「図書館パートナーズ」とは？

第3章　「図書館パートナーズ」のつくり方

第4章　図書館イベントのつくり方

第5章　ひきふね図書館パートナーズ・ストーリー

カバーデザイン　ma-yu-ya-ta-ke
本文イラスト　三浦なつみ

第1章

私はなぜ
図書館ボランティア
になったか？

こんにちは、図書館パートナーズのガッキーこと小田垣宏和と申します。数年前まで一介のサラリーマンでしたが、図書館ボランティアの経験から、現在はワークショップデザイナーやファシリテーター、研修講師として複業活動をしています。

アウトドアと読書を満喫していた普通のサラリーマンが、ある日を境に図書館サービスの享受者の立場から、サービスの提供者に変化しました。そしてそのことが私の人生の大きなターニング・ポイントとなりました。この本では、ボランティア活動からのコミュニティづくりの方法と、それに関わることによって形成されるソーシャル・キャピタル（社会信頼関係性資産）や、セカンドライフのためにやるべき事についてお話したいと思います。

自己紹介

高校から大学へ

私の人生での最初のターニング・ポイントは、アメリカ留学です。兵庫県立芦屋南高校の1期生として卒業し、その次の月にはハワイの地を踏んでいました。

高校は新設校で、1期生として入学しました。中学校の担任の先生の勧めもあり、まっさらな学校を自分たちでつくり上げることができることが入学を決めた理由でした。先輩がいないので、生徒会や行事、部活動を一からつくっていくことは貴重な体験でした。

中学・高校時代は、本は「買う派」でした。主にSFやハードボイルドが好きで、小松左京、星新一、筒井康隆のSF御三家を筆頭に、アーサー・C・クラークなどの翻訳SF、大藪春彦など、エンターテイメントを中心とした読書でした。

高校の2年目から帰国子女コースが増設されたことで、米国人教師の授業を普通科の生徒も受けることができました。英語に対しては洋楽を聞いていたことで親近感があり、英会話は得意な方だと思っていました。大学進学を考えたときに、母親の知人からアメリカへの留学を勧められ、普通に日本の大学に行くより面白そうだという理由で留学を決めました。当時、日本の大学では、ビジネス向けのコンピュータシステム設計を勉強する学科はあまりなかったことも理由の一つです。英語とプログラミングができれば、将来食べていけるだろうと考えました。（笑）

大学で図書館を学ぶ

高校の授業以外に、英語の勉強をしていたわけではないので、すぐにアメリカの大学の授業を受けられるわけではありません。入学したハワイ・パシフィック大学では、留学生向けの英語基礎プログラムが用意され、最初の1年はこのプログラムを受けることになります。このプログラムで最初に叩き込まれるのが、図書館の使い方でした。

「How to survive in college どうやって大学で生き残るか」の授業で論文の書き方や資料の探し方を学びます。当時はまだ図書館の資料検索はコンピュータ化されていなかったので、資料検索は書籍カード、雑誌のカタログ、ジャーナルガイドなどを使います。図書館での授業はライブラリアンが行います。日本では司書はサポート的な役割しかないと思われていますが、アメリカの大学ではライブラリアンはそれぞれの専門分野を持っていて、プロフェッサーと同等の立場です。ライブラリアンがすごく堂々と授業をしていることが印象的でした。

インターネットがまだ存在しない時代では、基礎的なことは専門書で学び、最新情報は雑誌から得ることが基本的な情報検索の手段でした。大学の授業で学んだ図書館活用術のおかげで、今でも調べ物をするときは、必ず一次資料にあたることが習慣となっています。

図書館へビーユーザー

買う派から借りる派へ

独身時代の実家では割とスペースがあったので、本棚や押入や倉庫など、本を置く場所には不自由しませんでした。結婚してから社宅に住むようになり、スペースの問題で大量の本が置けなくなってしまったのが、第一の借りる派への転身の理由です。神戸から東京に転勤になり墨田区に居を構えました。その自宅から徒歩５分のところに図書館があったことが第二の理由です。

その頃はまだ館内で書棚を物色するか、貸出中やほかの館の本は館内のＯＰＡＣ（オンライン蔵書目録検索システム）で検索し、予約するしかありませんでした。その後、図書館の蔵書検索と予約がインターネットで行えるようになり、貸出数に拍車がかかります。予約上限冊数があるので、妻や子供の貸出カードまで使って予約をしていました。現在は上限冊数が増えたため自分のカードだけで運用しています。

近隣の自治体で図書館カードをつくれることを知り、自宅から自転車で行ける範囲の図書館を使えるようになりました。これらの図書館にも墨田区にない資料をインターネットで予約してから週末に取りに行くという「図書館ヘビーユーザー」としての生活が始まりました。

図書館無料イベントに参加

このように、頻繁に図書館を利用していると、他区の館内のポスターやチラシ、ホームページのお知らせなどが目につきます。お知らせには図書館で行われるイベントの情報が載っています。それまでは図書館でイベントが行われていることは知りませんでした。墨田区では、読み聞かせやクリスマス会など子供向けのイベントはありましたが、大人向けのイベントはほとんどなかったので、あまりイベントには興味がなかったからです。

その頃は、落語にはまっていて立川流一門会などの落語会によく行っていましたので、江戸川区で真打の噺家さんの落語会をやっていることに驚きました。江戸川区内のいくつかの図書館で開催されているので、予約開始日をチェックしてすぐ申し込めば無料でプロの落語を楽しむことができました。

港区の図書館では、ロック雑誌の編集者が海外ミュージシャンのビデオを流しながら解説する「ロック講座」がお気に入りでよく参加しました。アメリカのミュージックアワードの解説や、その年のロックフェスの見どころなど盛りだくさんな内容です。現在も開催されていますが、自分の開催するイベントなどと重なることが多く、参加できないのが残念です。

利用者、参加者として図書館を利用していた時期は、自転車（ロードバイク）も趣味としていたので、近隣区であれば自転車で移動することで交通費もかからず、余暇はまさに「0円図書館生活」を実践していました。

図書館ボランティアへの参加

公募による図書館ボランティアへの参加

地元の図書館で「プロジェクト・リーダー養成講座」のポスターを見たのは、ちょうどそんな時でした。図書館の使い方、楽しみ方を他の人にも知ってもらいたい、そんな気持ちで応募しました。

在住・在勤地区の図書館利用は税金を納めているので良いですが、その他の自治体の図書館では少し心苦しい部分もありました。人気のイベントはやはり在住・在勤の利用者が優先されるべきではないか、などの考えもありました。

子供が幼稚園児の頃、同級生のお母さんに「休日は何をしているのですか」と聞かれ、「図書館に行っています」と答えると、「え〜、しょぼい（笑）」と言われたことがあります。図書館を使わない人は、本が置いてある場所という概念しかないのでしょう。もちろん蔵書を活用した、読書推進活動も大事ですが、すべてを包括する図書館では、ワクワクするような様々なイベントを開催できます。そんな図書館の地位向上をめざし、サービスを受ける側から、サービスの担い手となるボランティアとして活動を始めました。

社会貢献に目覚める

2012年は私にとっては、ボランティア活動元年でした。40歳手前から10年くらいは、自転車やキャンピングを趣味にして仲間と近郊をロードバイクで走ったり、子供たちとキャンプに行ったりしていました。子供たちも高校生になると、一緒に遊んでくれなくなり、何か別の活動を考えていました。

ちょうどその頃に、会社で全社員がTOEICの試験を受けなければならないことになり、自らのモチベーションを上げるために、一つの目標として東京都の「防災(語学)ボランティア」に応募しようと思いました。通称、「語ボラ」と呼ばれていますが、登録するためには英語ではTOEIC730点以上が必要です。TOEICの教材を、もちろん図書館で借りて勉強し、合格点をクリアできました。

ボランティアについて調べていると、墨田区にも「墨田区国際推進倶楽部」という外国人支援のボランティア団体があり応募しました。同時期に、墨田区の図書館のボランティアの公募があったのでこれも応募し、この年は三つのボランティア団体に入会することになりました。

東京都のボランティアは必要なときにだけ任意で招集されるので負担はなく継続していま す。活動を始めると、「墨田区国際推進倶楽部」と図書館との両立が難しくなりました。す でにＮＰＯ法人として活動している「墨田区国際推進倶楽部」よりも、これから立ち上げる図書館ボランティアの方が大変なのはわかっているけれど、それだけやりがいと面白いことがあると思い図書館ボランティアに注力することに決めました。

第2章

「図書館パートナーズ」とは？

今までにないボランティア集団

東京の荒川と隅田川に挟まれた墨田区で、2013年4月に墨田区立ひきふね図書館が開館しました。同時に今まであまり例がなかった、ボランティア集団がひきふね図書館に誕生しました。一般区民が図書館を使って自分たちのやりたいことを企画し、イベントを開催するボランティアたちです。

「○○図書館友の会」、「□□図書館を良くする会」、「△△図書館フレンズ」など、図書館の掲示板で見かけたりしたことがあると思います。図書館好きの人たちが集まってつくった、ボランティア集団であることが多いです。ボランティアの活動を分類すると、大まかには、「決まった仕事をするボランティア」、「図書館に意見するボランティア」、「イベントを行うボランティア」などがあげられます。

「決まった仕事をするボランティア」は図書館に登録して、排架（返却本を書棚に戻すこと）、や本の修理などを行う人たちです。特にシニア世代に多いと思いますが、世の中の役に立ちたいと思う人には満足度の高いボランティアかもしれません。「図書館に意見するボランティア」は、いわゆる、口は出すが、手も金も出さないボランティアです。「イベントを行うボランティア」は、たとえば読み聞かせをするグループや、大掛かりになると映画会の上映などをしています。これらも図書館から場所と時間を指定されて、活動するケースが多いようです。

「ひきふね図書館パートナーズ」の活動は6年を過ぎましたが、今でも17人のメンバーで年間60イベントを企画、運営しています。

公募で集められた図書館イベントボランティア

2012年6月、私は図書館で1枚のポスターに気がつきました。「プロジェクト・リーダー養成講座参加者募集」とあり、新しい図書館ができるので、そこで活動するボランティアを募集すること以外は特に詳しい説明はなく、興味はわきましたが、何をするのかよくわからなかったです。図書館に電話をして、「プロジェクト・リーダー養成講座について聞きたい」と言うと、電話を受けた職員さんは少し困った様子で、彼自身がよくわかっていないことが電話越しに伝わってきました。「これは、この講座を修了すると、図書館でボランティアとして活動するのですか?」と質問すると、「はぁ、そうですねぇ」と頼りない感じの回答でしたが、これ以上聞いても仕方がないと思い、図書館で何かできるのなら応募しようと決めました。

応募には800字ほどの作文の提出が必要でした。今読むと、なんだか年寄りが書いた古臭いことを書いています。これからの図書館のあり方への三つの提案として「区民の悩み解決! 街のレファレンスデスク」、「中高年の生涯学習 文化・伝統講座の開催」、「本を読もう! 子供のためのブックスタート」をあげています。悪くはないけど普通だね、という感じですね。まだまだ、図書館のことをよく知らない時分だったのだなぁと感慨深いです。後には「8時間耐久読書会リードアスロン!」のような突飛な企画を開催していることは、ずいぶん成長したなと感心します。(笑)

プロジェクト・リーダー養成講座

「プロジェクト・リーダー養成講座」は、図書館で自主的にイベントを企画し自ら実施できる、今までとは違う、新しいボランティアであると最初のミーティングでわかりました。

これは、私が待ち望んでいたボランティア活動であると思い、俄然やる気が出てきました。
「プロジェクト・リーダー養成講座」は2クラスに分けられて、木曜日夜間のクラスと、土曜日午後のクラスで、それぞれ20名ほどでした。私は、土曜日の午後は他の図書館イベントがあることを考えて、木曜日夜間のクラスで申し込みました。木曜日のクラスはおおむねビジネスパーソンが多いように感じました。実際、土曜日のクラスは若干年齢層が高かったようです。

公募で集まったメンバーは大学生から70代まで幅広く、ビジネスパーソンもいれば、専業主婦や就活中の人など多様なメンバー構成となっていました。他区の公共図書館や企業の専門図書館で仕事をされている人、仕事がもらえると思っていたクリエーターの人などもいました。裏をかえせば、公募の目的がはっきりしていなかったと言えるでしょう。

講座は2012年の6月から始まり、7月末まで7回行われ、アイデア出しから企画書の作成を中心に行われました。墨田区では先行して「ガバナンス・リーダー養成講座」という区民活動推進課（当時）が、区民との協働による地域活性化を目的としたボランティアの養成を行っていました。新図書館の館長が、これを新図書館で活動する協働型ボランティアとして起用したい、との思いから企画されました。そのため、「プロジェクト・リーダー養成講座」は「ガバナンス・リーダー養成講座」を踏襲して行われました。

ガバナンス・リーダーは講座受講後、どこで何をするか自分で決めなければならず、雑然としてしまい、受講中のチーム内での協調も難しかったと聞いています。継続的に個別に活動するのは難しいでしょう。その点、図書館は「場」と「本」があるので活動しやすく、企画しやすいと言えます。

「ひきふね図書館パートナーズ」誕生

「プロジェクト・リーダー養成講座」は、2012年6月から2013年3月までの講座でした。講座後はボランティアが自立的に活動しなければなりません。詳細は後述しますが、とても難しいことでした。

2012年6月から8月までの図書館主体の講座は、図書館イベントの企画立案ができるまでの内容でした。9月以降は受講者たちが考えて講座をつくるという丸投げされた状態でした。受講者40人をまとめて、一つのボランティア団体として機能することは簡単ではありません。図書館でさえ、40人すべてをフォローできるわけがありません。当然、企画を立てられない人や、自分の考えているボランティアのイメージと違う人は抜けていくことになります。

ボランティアの組織運営については何回も議論の的になりましたが、簡単に結論は出ず、徐々に険悪な雰囲気が漂っていきました。当面、新図書館のオープニング企画を考えることで、メンバーのモチベーションを維持することにしました。オープニングはメンバーのがんばりで成功しましたが、その後に待っていたのは組織運営問題でした。

図書館への不信感や、メンバーの考え方の違いなどからコミュニケーションが不協和音となり、ついに一旦解散し、それでもまだ図書館ボランティアとして残りたい人で、再結成することに決めました。そして当初いた40人から15人になり、「墨田区ひきふね図書館パートナーズ」として再スタートとなりました。年間約60イベントを開催し、普段図書館に足を運ばない人にもイベントに参加してもらい、地域の問題やコミュニティづくりを考える「課題解決型図書館」を目指し活動しています。

この一連のプロセスは、新しい協働型図書館ボランティアを創設するためには必要なプロセスであったと思います。本書では自らの経験をもとに、失敗なく安全に図書館パートナーズがつくれることを目的に「図書館パートナーズのつくり方」について述べたいと思います。

【コラム】インタビュー①

永田　治樹氏　（未来の図書館研究所　所長）

◇公共図書館におけるボランティアと行政の取組みについてどうお考えですか

墨田区の場合は、区が区民に参加を求めた。現場で展開しなくてはいけない公務員のすべてが協働についてきちんと知悉《ちしつ》しているわけではなく、区民にも違和感があったろう。

お互いにミッションを共有できないと不愉快な事態になる。行政職員には専門的なスキルに足りないものがあり、スキルを持っているボランティアにお願いしないと成り立たないことがある。ただし、ボランティアがリードしていくと行政が熱意を失っていくおそれもある。

◇図書館での協働に何を期待しますか

図書館の行政はこれまで慣性で進んできた。事例、前例を見て進んでいる世界だ。それとは逆の発想でやってほしい。ＴＳＵＴＡＹＡ図書館のスタイルはよい面は残るだろうが、全体がそのままということは決してない。図書館と書店が一緒なのはそれなりに意味がある。市民の要求に合致したから受け容れられた。今までは、図書館は市民のそうした要求を受け容れなかったといえる。

コミュニティをつくるという意味で、ボランティアの参加があった方がいいのでは。地域の人に集まってもらってやることで、地域での図書館のステータスが上がる。地域でさりげなく気軽に集える場所があることが重要。課題とか目的があると展開は難しくなる。

◇今後の図書館に期待すること

日本の図書館の大勢は貸出図書館。ただし住民の登録率が低い。図書館員は何のためにやっているかを再認識すべきだろう。また、地域社会を豊かにする手法とトピックの見つけ方が欠けている。わかっている人もいるができない。図書館員は地域の問題より、図書館の中の問題しか考えていないきらいがある。行政側も図書館がわからない。もっと住民との話し合いの場を持たないとだめ。

◇これからの図書館パートナーズに対する期待

「図書館パートナーズ」という名前がいい。「ボランティア」は、もっと広い、あるいは違った意味。「パートナーズ」は一緒にやれる。今の図書館を変えられるような人たちが自己実現できるように図書館に参加してもらうことが必要。そのためには、市民と図書館が、何が足りないかお互いに見つけること。時間がかかるが話し合うことが必要。

地域社会で社会起業をもっと増やさないといけない、NPOだけではない。

人と人とが社会的につながっていることを感じ取れるのはいいこと。自分の活動存在が認められて、対価というインセンティブがないと動かない。そういうことを図書館の人に考えてほしい。もちろん、限られた対価で参加してくれるボランティアもほしいが。

第3章

「図書館パートナーズ」のつくり方

協働でつくる図書館パートナーズ

前章でお伝えしたような、自立したボランティア団体が図書館で活動することは、その実態を知らない人に説明することは困難です。もし、図書館長が図書館の活性化について私見があり、アンテナを高くしている人なら理解されやすいと思います。しかし、たとえば行政職で他の部署から異動してきた、あまり図書館に詳しくない人が館長に就任した場合には作戦が必要になります。

埼玉県志木市の事例では、図書館協議会が図書館活性化にあたり、ひきふね図書館の視察を行いました。視察団のなかには館長と職員も含まれており、ひきふね図書館職員とパートナーズメンバーから活動の説明を受け、翌年度の予算取得を図りパートナーズ設立に至りました。実際に当事者から話を聞くことによって、図書館長と協議会メンバーの方向性が明確になったと思います。決定権者に理解してもらう方法としてはパートナーズ活動をしている図書館の視察がよい方法でしょう。

パートナーズ設立にかかる予算としては、パートナーズ講習会にかかる講師などの費用、年間に開催するイベントにかかる経費、講演会費用や工作などの経費が考えられます。イベントについては、お金がなくても工夫しだいでできますので、最初は少なめの予算でも大丈夫です。

ゼロベースで図書館パートナーズを設立する場合は、必然的に講座受講となります。既存の図書館ボランティア団体があり、その人たちが核となって活動する場合でも講座を開催し、活動の共通ビジョンを共有することをおすすめします。

会員募集

安易に会員募集しない

ひきふね図書館パートナーズの新規会員入会の方法は二つあります。一つ目は養成講座受講による入会です。二つ目は現会員による推薦入会です。

養成講座の内容については後に詳しく述べますが、「自分で考えて行動できるボランティア」であることを理解してもらうための講座です。受講条件としてメールアドレスを持っていること、オフィスソフトが使えることをあげています。

二つ目の条件として、パートナーズメンバーの推薦が必要としています。養成講座受講者は例外です。これは既に地域活動などでコミュニティをつくっておられる方や、読書会などの活動をされていてパートナーズのイベントや読書会に参加された方、パートナーズの活動内容についてご理解いただいている方を対象にしているためです。もちろん、すでに活発な活動をされている方、我々にないスキルを持っている方に来ていただきたいと思っています。

募集のハードルは高めに

図書館パートナーズで活動するボランティアを公募する際に気をつけたいのは、ある程度のスキルの条件を明確にしておきたいことです。ひきふね図書館では、受講条件としてメールアドレスを持っていること、オフィスソフトが使えることをあげています。これらの条件が必要なのはパートナーズの活動において、特定の作業が特定の人に片寄らないためです。人が変わっても持続可能な組織づくりには、最低限の個人スキルがとても重要になるからです。ボランティア活動を無理なく継続するためには、分業化ではなく各メンバーが自分の仕事を完遂できることが必要です。

無条件で募集をしてしまうと、メンバー間で使用するツールや連絡方法などが統一できません。メンバー間の連絡方法については、図書館パートナーズでは無料のメーリングリストを使っています。メールアドレスを持っていないメンバーがいると、メンバーの誰かが電話連絡、もしくはファックスで連絡をするなどの負担がかかってしまいます。昼間仕事をしている人などにとっては、電話での連絡方法は避けたいことです。

ひきふね図書館パートナーズでは募集時にそのような条件がなかったため、メールアドレスの無い人が何人かいました。メンバーが電話で連絡するなど対応をしていました。企画書や議事録についてもメーリングリストであれば、そのまま添付して全員に配布する簡単な運用ができますが、メールアドレスがない人は見ることができません。そのため図書館のカウンターに議事録のコピーをファイリングしておいてもらい、メールアドレスのない人は図書館に行って議事録などを見てもらうようにしています。これは図書館にも負担がかかりますし、メンバーの負担を減らすためにもメールアドレスを持っていることは最低条件としました。

もうひとつの条件としてワードやエクセルなどのオフィスソフトが使えることを条件としています。これは企画書を書くときにオフィスソフトを使うためです。一般的な図書館友の会などの募集条件に比べれば、特に高齢者には優しくない条件かもしれませんが、我々パートナーズのなかでは、高齢者でもパソコンやオフィスソフトを使いこなして企画書をつくっている人はいます。

養成講座

パートナーズのメンバーと面識がない方や、図書館ボランティアに興味があってボランティア活動に参加したい方のために、ひきふね図書館では、「ライブラリー・ファシリテーター養成講座」を用意しています。この講座は三日間の講座で、図書館との協働についてや、イベントのアイデア発想から企画書の作成までを学んでいただけます。この講座を受講した後で、希望があればパートナーズに参加していただくことになっています。

協働を理解する

この講座の一番の目的は、「協働」を学んでいただくことです。従来のボランティアの概念、「言われたことをすればいい」、「ボランティアには責任がない」などを拭いさってもらいます。パートナーズはボランティアですが、図書館員とは対等な立場です。お互いの立場を理解し、尊重しあいながら、企画を進めていきます。そのための他者理解や合意形成をワークショップで体験的に学んでもらう必要があるのです。

人間は短期間で変わることは難しいですが、今までと違う考え方に気づくことはとても重要です。自ら「気づく」ことが最も大切なことです。テキストに書いてあることを読み、講演を聴くだけでは、そのときはわかったような気分になりますが、しばらくたつと忘れてしまい、もとの考えに戻ってしまいます。それは自分で腹落ちしていないからです。腹落ち、腑に落ちるためには、実際に行動し経験してみることが必要です。そのために、疑似体験ができるワークショップが必要になります。

ライブラリー・ファシリテーター養成講座の内容

さて、ライブラリー・ファシリテーター養成講座とはどんな講座でしょう。ライブラリー・ファシリテーターとは、私がつくった造語で「図書館を促進・活性化する人」という意味です。講座は4回コースとしていましたが、現在は改良し、1回3時間の3回コースとなっています。1回目でひきふね図書館パートナーズの活動を紹介し、複数の書籍から地域コミュニティについて学んでもらいます。2回目はボランティア活動や協働についてのレクチャーを受けていただき、自分がやりたいこと、貢献できることを考えて、イベントのアイデア出しを行います。3回目は別の手法でアイデアをブラッシュアップし、企画書の作成とプレゼンテーションを行います。

これらは全てワークショップ形式で行われます。主体的に活動するボランティアであるためには、座学での受け身の学びより、自らの気づきによって主体性を学ぶことが有効です。短期間ですが、参加メンバーの共通ビジョンをつくり、一連の図書館パートナーズとしての活動を具体的に体験できる内容になっています。講座受講後に図書館パートナーズに入会してくれたメンバーは、講座で考えたアイデアをそのまま企画として実施してくれています。

受講者の感想

実はこの講座の案内のチラシには「ワークショップによる」と小さくは載っていますが、実際参加される方は座学による講座だと思って来られる方がほとんどです。しかし、講座の後のアンケートを見ると参加者のみなさんの満足度が高いことがわかります。講座のプログラムデザインとファシリテーションがより良く機能していることがうかがえます。

「図書館で何かイベントをやりたいと考えるなら、企画の立て方を基本から教えてもらえるので講座に参加することをおすすめします」

「楽しくアイデアを出せるやり方、視点を与えられるので、みんなで共有したい」

「皆様が発想豊かで、刺激されました。若い方と交流できたので良かった」

「ワークショップを通じて参加者と意見交換しながら自分の想像していた図書館パートナーズのイメージをより鮮明に具体的につかめるようになった」

「アイデア発想法が最も役立ちました。企画書の書き方、スケジュールやみんなと話し合うことの大切さ、色々と活用できそうです」

「講義が少なく、ワーク中心、発表する点が良かった。もやもやでもＯＫなので、とりあえず口にする、話してみることがとても良かったです」

「とても良かったです。このような研修は初めてです。もっともっと多くの方に広がれば、図書館に興味を持つ人が増えるのではないかと思います」

「図書館と利用者は対等。図書館とボランティアも対等という関係が確認された」

「ボランティアでこういう楽しいことがあることがわかってよかったです」

ひきふね図書館では、図書館員さんも一緒に受講しています。職員とボランティアが対等な立場で活動する第一歩となっています。

組織運営

図書館に負担がかからない運営

図書館パートナーズは各自が自分の企画を立てて企画会議に提出し承認を受けて、広報から当日の実施まで責任をもって行なっています。一般的な図書館友の会などでは、会長など代表者がいて、企画部や広報部などの役割分担が決められていることが多いです。人数の規模にもよりますが、そのような体制だと本来自分がやりたいことが何なのか、何のためにそのボランティア活動をしているのかが、わからなくなるのではないでしょうか。

ある生涯学習施設を運営しているNPO法人では、メンバーの高齢化による組織の硬直化が進み、新しい人を募集して入会してもらっても、その人たちがやりたいことがやれない状況になっていました。設立当初のメンバーがずっとその組織に居座っていることは、あまり良くないことだと思います。特にボランティア活動をする組織は、新陳代謝が重要です。常に新しい人が入って新しいことをしていかないと、活動自体が陳腐化してしまいます。

フラットな組織運営、代表者・運営事務局に依存しない

ひきふね図書館パートナーズには代表者を置いていません。組織の基盤となる規約や会則もありません。Ａ４一枚に記した活動ガイドラインがあるだけです。当初はガイドラインもありませんでした。クレーマー対策として、また新入会員の受け入れのために必要最低限の事柄を規約ではなくガイドラインとしてまとめました。

組織に代表を置かないのはどうしてでしょうか？　それは、メンバー一人ひとりに自分ごととして責任をもって活動してほしいからです。代表や運営事務局が組織の運営を管理すると、その人達に任せておけば良いと、思考停止がメンバーのなかで起きることがあります。代表者や事務局がちゃんとやっているから、自分は関わらなくても大丈夫という根拠のない安心感が芽生えます。そのような状態では、全体会議においても、各々のメンバーから建設的な意見が出てこなくなります。自分がしっかり考えを持って運営に参加しないとこの組織の活動は成り立たないことの危機感を持ち、活発な議論のもとに組織運営するために、不安

定な組織体制が一役買っています。

メーリングリストの使い方

メーリングリストの使い方は明文化していませんが、事務連絡に徹底しています。以前はメーリングリスト上での議論が発生することがありました。グループ立上げ時は意見交換や、それぞれの想いを共有することで必然的に起こることだと思います。新しいパートナーズが立ち上がると、当初は議論の場となるでしょう。

しかし、気をつけなければならないのは、メーリングリストやSNS上の議論は誤解を生みやすいのです。ちょっとした言葉遣いへの反応や、本人にそのつもりが無くても批判的な物言いになってしまうことがあります。対面で話せばお互いに理解しあえることでも、メーリングリストではわだかまりを残してしまうケースが少なくありません。リアルな会議での対話を繰り返し行い、お互いに信頼関係が出来上がれば、反応することもなくなって来ます。特に高齢者などメーリングリストに慣れてない人がいる場合は、紛糾する場合があるのでご注意を。

活動費用

ひきふね図書館では、図書館パートナーズの活動費を予算化しています。パートナーズでは、その予算のもととなる次年度事業計画案を行政の予算化スケジュールに合わせて9月につくって図書館に提出しています。行政では、前年度の予算案で当年度の経費が決まり、その範囲でしか経費を使うことができません。もし、人気講師の講演会を企画できたとしても、その年度の予算が残っていなければ実施できないのです。

事業計画案では毎月定期的に行う読書会などは、そのままスケジュール化し、講師料が発生する講演会などは前年度の実績をもとに次年度の計画を作成します。事業計画案はあくまでも予定ですので、それぞれの企画については次年度からの全体会議で企画書を提出します。活動費の内訳は主に講師料と工作などの経費です。講師をボランティアでやっていただく場合など、費用が発生しないイベントは事業計画案になくても自由に企画立案できます。新たに費用が発生するイベントをどうしても本年度中に開催したい場合もあります。その場合は全体会議で費用配分を協議し、次年度開催でも可能なものがあればスケジュールを調整し対応します。

ガイドライン

ひきふね図書館パートナーズは法人化していませんが、図書館や外部団体に迷惑をかけないために最低限のルールをガイドラインとして設けています。ガイドラインには入会・退会について、企画の実施方法、役割分担について書いています。役割分担は図書館との連絡係、対外的な窓口、会計係について正副2人ずつ置くことを決めています。

ガイドラインで決まっていることは、以下の3点だけです。

1　入会、退会について
2　企画推進について
3　役割分担について

1　入会、退会について

▽入会条件

当初、プロジェクト・リーダー養成講座終了者を母体としていたため、新規入会についての決め事が必要でした。ボランティア活動や地域活動の経験者を想定してメンバーの推薦で入会できるようにしています。仮入会期間中に自主企画のイベントを開催して正会員となります。これは、自主的に企画立案から実施までできる人に入会してもらいたいからです。お手伝いしたいだけの方にはご遠慮いただいています。

▽会費

ひきふね図書館パートナーズは経費や講師料については、図書館が予算化しているので、実質負担はありません。ボランティア活動を継続していく上では大きなメリットです。では、なぜ会費を徴収するのか。これは、幽霊部員を排除するためです。なぜだかわかりませんが、自分から退会すると宣言する人はあまりいません。活動に参加しなくなっても、退会の意思表示はせず、メーリングリストに残ったままの中途半端な人を判別するために会費徴収としました。逆に言うと、会費を払っていれば活動に参加しなくても会員のままです。それは継続の意思があるとして認めています。

会費の使用目的については特に決まっていません。毎年、懇親会のお弁当やお菓子代としています。

▽**退会**

もちろん本人の意思で自由退会できます。ただし、ボランティアの場合は「やめさせる」ことがなかなかできません。迷惑行為を行った場合には、全体会議の決議を得て退会とすることを明記しました。後述しますが、クレーマー行為を繰り返すメンバーに対しての防御策でこの一文を追加しました。幸い、問題が起きても是正されているのでこの取決めで退会させられたメンバーはいません。

2　企画推進について

▽企画書

パートナーズの活動は企画があることが前提なので、基本的に企画書が活動のベースになります。企画書のフォーマットは決まっています。(88ページ「企画書フォーマット図」参照)

企画書はＡ４一枚です。端的にいつ、どこで、誰が、何を、どのように実施するかを明確に記述します。

▽企画推進

企画立案者は全体会議に企画書を提出し、承認されてから企画を推進することができます。自分勝手にイベントの開催はできません。図書館の企画承認を受け、図書館が指定した担当職員と協働で企画推進します。それまでは、図書館とのやりとりができるのは連絡係だけです。

当初、図書館担当者と複数のパートナーズメンバーが同時に質問や連絡のやりとりを行い、図書館のパートナーズ担当者の負担が多大になったことから、窓口の一本化を図りました。図書館との連絡は伝達ミスによるトラブルをなくすため、基本的にメールを使います。パートナーズのメンバーと連絡係のやりとりはメーリングリストで行うので、メンバー全体で情報を共有できます。

組織のなかで情報がオープンになっていることは重要です。全ての情報がメーリングリストに流れていれば、全体の情報共有が可能です。

▽諸注意・迷惑行為防止

営業や勧誘、政治・宗教に関する活動を禁止しています。図書館に対するクレーマー行為、迷惑行為なども禁止事項です。本人にそのつもりはなくても、図書館や他のボランティアにとっては過剰な要求になっている場合があります。企画推進については、その途中経過を見える化し、情報共有することが問題発生抑止の第一歩です。

3　役割分担について

▽連絡係

連絡係が必要になった背景は、各企画立案者が個々に図書館担当者に質問や依頼をして、図書館側の負担が大きくなったからです。改善策として連絡窓口を一つにすることを決めました。これにより企画が企画会議で承認されるまでは図書館と直接話せるのは連絡係だけで、図書館長の承認をもって企画担当者と図書館担当者が協働で進めることができます。
その他、全体会議前後の図書館との企画書など資料のやりとりが主な仕事です。

▽**渉外係**

他地域の図書館ボランティアからの問い合わせや、区民からの活動に関する質問などが年に何回かあります。ほとんどはメールやホームページの問い合わせからです。渉外係はこれらの受信を定期的にチェックして返信したり、必要であれば面談を調整したりします。

▽**会計係**

ひきふね図書館パートナーズでは、年間１２００円の会費を徴収しています。これは当初幽霊部員を排除するために会費制にしました。ボランティアだと退会意志があいまいで、メーリングリストで確認しても、返事をしない人たちがいます。長期間活動も発言もしない人たちが中途半端に在籍のままでいるのは良くないと、年度初めに会費を払わない人は自動的に退会としました。

イベントの講師料や経費は図書館で予算をとっているので、基本的に自腹でボランティア活動をするようなことはありません。会計係は前述した会議費や、全体で行うイベントの経費などを管理費し、報告します。

▽全体会議運営

全体会議は定例会として毎月の決まった日時を予定しておけば、メンバーは計画が立てやすいです。ひきふね図書館パートナーズでは第2土曜日の14時から16時までと決めています。

全体会議はあらかじめ提出された議案に沿って進行します。

通常は図書館からの連絡事項（イベント参加申込み状況や通達事項等）があり、新規企画の提出、活動報告の流れで行います。

新規企画の審議にあたっては、批判ではなく、どうすればより良く開催できるかの観点で話し合います。開催に関して不明点があればその場で明らかにし、問題があれば解決策を考え、安全に開催できることを全員で討論します。

企画案件はメンバー全員により承認され、図書館長へ提出されます。館長決裁により企画実施が可能になります。

議事録はその場でつくり、全員で決定事項を確認し、図書館に提出します。次回の司会

2013 年 10 月 12 日 作成
2016 年　1月　1 日 改訂
2017 年 5 月 13 日　改訂

ひきふね図書館パートナーズ　ガイドライン

1. 入会、退会について

(1) 入会
- 当団体は墨田区新図書館プロジェクトリーダー養成講座修了者を母体とする。
- 入会希望者は現メンバーの推薦により、全体会での承認を得て仮入会できる。
- 仮入会決定より3ヶ月間活動し、実績を全体会にて報告し承認を得て、正入会とする。
- メンバーは、毎年4月に年会費1，200円を納める。中途入会は月割りとする。
- メンバーは連絡用メールアドレスを有すること。
  メールアドレスが取得できない場合は図書館カウンターにて議事録等を参照できる。

(2) 退会
- メンバーは、本人の意思により、随時退会できる。ただし、年会費の返金は無い。
- 毎年4月末時点で年会費未納のメンバーは退会とする。
- 営利目的、宗教、政治活動、その他迷惑行為を行ったメンバーは全体会の承認を得て退会とする。

2. 企画推進について

(1) 企画推進
- 企画立案者は企画書を作成し、全体会にて図書館への提出の承認を得る。
- 企画書は、何時、誰が、何処で、何を、どのように実施するか、明確に記述すること。
- 企画推進のリスク回避のため、企画責任者は正副2名とする。
- 全体会で承認を得た企画書は、連絡係から図書館へ提出し、図書館の承認により実施可能となる。
- 墨田区ガバナンス条例に則り、図書館が指定した担当職員と協働し企画推進する。

(2) 企画推進に関する諸注意
- 図書館による企画実施承認を得るまでは、図書館との連絡は必ず連絡係を通して行うこと。
- 上記に反した場合は、図書館に対する迷惑行為とみなす。

3. 役割分担 （詳細は別紙1参照）

(1) 連絡係
図書館との連絡窓口。正副2名。

(2) 渉外係 （代表）
外部団体等の窓口担当。正副2名。

(3) 会計係
年会費等会計関連の業務担当、正副3名。

(4) 全体会運営
司会、書記を原則上記担当者以外で輪番制とする。 全体会は原則第 2 土曜日 14 時~16 時、第 4 木曜日 19 時~21 時に開催する。

(5) 代表権はないが、任期中図書館との連絡調整する担当者を代表と呼ぶ。

ひきふね図書館パートナーズ

と書記を決めます。司会はメーリングリストで次回の議案と企画書をまとめ、連絡係に渡します。

活動の手順

活動の概要

行政広報誌にイベントのお知らせを掲載する場合は、広報誌の締め切りタイミングに合わせて企画書を提出します。墨田区の区報は、毎月1日、11日、21日に発行されます。掲載の枠取りは4ヶ月前、入稿の締め切りは1ヶ月前となっています。広報誌に掲載するためには4ヶ月前までに企画承認を受ける必要があります。広報誌に掲載しない場合、図書館広報誌や館内のお知らせのみで広報する場合は、2ヶ月前でも大丈夫でしょう。

企画書起案〜承認

企画書には当日の実施内容や準備作業、図書館への依頼事項を明確にし、全体会議で懸念事項がないか、スケジュールや準備に無理がないかなど協議し、是正する部分は対案を出し合って全員でブラッシュアップしていきます。全体会議の基本的思想は「どうすればできるかを考え、できない理由は述べなくてよい」です。ダメだしをするだけの批評家はいりません。行動あるのみです。

企画書の書き方については次章で詳しく述べますが、大事な約束事として、企画担当者を正副２名立てることにしています。これは、企画立案者が途中何かしらのトラブルで企画を継続できなくなったときのバックアップ対策です。イベントが参加費無料とはいえ、無責任に中止などないようにしたいです。

講師交渉

通常、講師を招へいする場合、講師との日程調整を大まかに行っておき、企画書（概要）の承認を得てから講師と具体的な交渉をします。つまり、講師料が発生する場合に講師料を確保してから正式にお願いする段取りになります。

ひきふね図書館パートナーズでは、講師にボランティアで登壇していただくことも多いです。その場合は、公共施設での講演会活動がその人の実績になる、著作などがあれば講演後に図書館で頒布していただく、映画などの宣伝になる、など講師にもメリットがある形で依頼しています。

イベント広報活動

行政広報誌、図書館ニュース、館内のポスターやチラシだけではなく、図書館に来ない人にもイベントに来ていただきたい。そのためには、SNSやホームページの活用が効果的です。参加者として若年層のビジネスパーソンをターゲットにしたい場合など、あえて広報誌は使わず、FacebookやTwitterなどで広報する場合もあります。イベントの内容にもよりますが、行政広報誌による申込みは高齢者の比率が高い傾向にあります。広報誌を見て電話で申し込むパターンが多いです。逆に若年層は新聞を取ってない人も多く、広報誌を見る機会は少なくなります。電話の申し込みよりもメールでの申込みが多いです。

Facebookページ

Facebookアカウントはメールアドレスさえあれば誰でも無料でつくれます。アカウントをつくれば、Facebookページの作成が可能になります。FacebookページはFacebook上のホームページと考えてください。Facebookアカウントを持っていない人も閲覧可能です。企業であれば自社の製品のページなどが作成されています。

図書館パートナーズのFacebookページをつくれば、図書館で行うイベントはFacebookのイベントとして集客も可能です。

ひきふね図書館パートナーズ　Facebookページ

https://www.facebook.com/sumitoshopartners

Twitter

Facebookとのアカウント連携をしておけば、Facebookに投稿した内容がTwitterにも投稿されます。つまり1回の作業で両方に投稿できます。Twitterで検索して全国の図書館や図書館関係者をフォローして、相互フォローしてもらいましょう。イベントのお知らせをリツイートで拡散してもらいましょう。

ひきふね図書館パートナーズツイッター　@hikifunepartner

https://twitter.com/hikifunepartner

全国図書館イベント検索

こちらは『図書館パートナーズ』が作成した全国図書館イベントの検索サイトです。図書館関係者ならどなたでも無料で図書館イベントを登録できます。自館のサイトに載せた情報をそのままコピー&ペーストして簡単に登録できます。

図書館でどんなイベントがあるのか探している利用者は、地域、図書館名、日時、キーワードでイベントを検索して、イベント情報を見ることができます。

過去に開催したイベントの検索も可能なので、イベント企画の参考情報としても使えます。

「図書館パートナーズ　全国図書館イベント検索」

http://libraryfacilitator.com

ホームページ作成

ホームページの作成は少し手間がかかりますが、設立趣旨やスケジュール、活動報告など自由に記載でき、SNSのように情報が流れず、いつでも来訪者にアピールできる点でぜひ活用していただきたいメディアです。

一般的なホームページについて、ひきふね図書館パートナーズのホームページで説明します。

ホームページ作成ツールは検索すればいくつかありますので、それぞれの条件を比較して利用に適したツールを選ぶと良いでしょう。ひきふね図書館パートナーズでは経費がかからない無料ツールを使っています。

ホームページは左記のような構成です。

プロフィール／設立趣旨／沿革／ミッション
活動報告／ブログ（直近イベント記事、写真）／年度別活動実績
リンク／関連書籍
問い合わせ／スケジュール

ひきふね図書館パートナーズ　ホームページ
https://hikifunetoshokanpartners.jimdo.com

活動報告

イベントを開催したらその実績は必ず写真つきで公開するようにしてください。報告記事がないとイベントをしていないことと同じです。記事だけではイベントの様子が伝わりません。写真なら瞬間で伝わります。イベント開催時に参加者には注意事項として、記録のために写真を撮ることと、顔が写ると困る人はスタッフに教えてくださいとお知らせしておきましょう。

SNSは過去イベントが流れてしまうので、ホームページで年度別にまとめて活動実績として記載するのがおすすめです。

持続するボランティア活動

活動環境の変化に対応する

ボランティア活動を継続していくうえで、外的環境の変化があることは避けられません。行政なら必ず担当者の異動があります。優秀な担当者が次年度からいなくなることで、活動が全く機能しなくなる可能性もあります。経験上、公務員は異動があっても引き継ぎがされないケースが多いです。

館長が異動になる場合も当然あります。ひきふね図書館では過去5年間に館長が4人変わりました。館長の考え方の違いによって、ボランティア活動のあり方も変わる可能性があります。「自立したボランティアなど不要」と判断されれば、我々の活動はなくなってしまいます。現在まではそのようなことはなかったものの、活動の実績を見える化し、外部とのコネクションをしっかり持ち、行政の首長や教育委員長などにも直接報告するなどの行動が必要です。

意思決定権者への働きかけ

墨田区では、墨田区議会でひきふね図書館の活発な地域に根ざした活動が取り上げられ、2017年4月1日に墨田区立図書館条例を改正し、図書館が行う事業として、「図書館と協働する団体との連絡及び協力」を追記しました。ここまではっきりと市民との協働を謳った条例は他の自治体にはないと思います。この条例によって、ひきふね図書館パートナーズの協働による活動が保障されます。区議会員は市民活動の相談などにも気軽に対応してくれます。日頃から活動の内容を理解してもらうことにより、議会でも取り上げてもらうことができます。行政と市民との協働とは、担当者レベルの共同作業だけではなく、意思決定権者にも働きかけることも大事です。

組織の新陳代謝

組織を硬直化させないためには、組織の新陳代謝が必須です。図書館パートナーズはあえて代表や役職を置かずフラットな運営をしています。メンバー全員が自分事として組織運営に加わるようにするためです。旧来の図書館友の会などは、ピラミッド型組織となっており、トップダウン型の運営がなされています。トップが固定化し、役割分担も固定化すると何のために活動しているのか曖昧になってしまいます。何十年も同じ人達で運営すると、新しい人の参入も難しくなり、ひいては組織自体の老朽化となり存続が危ぶまれます。古参メンバーは既得権を放棄し、新参メンバーに活躍してもらうことを肝に銘じましょう。生物も組織も変化がないと絶滅してしまいます。

外部からの評価

新聞や雑誌、メディアからの取材依頼があればありがたく取材してもらいましょう。掲載された記事はＳＮＳで拡散し注目度アップを図ります。書籍で扱われた場合はホームページのおすすめ本に掲載します。お正月など季節感があるイベントや子供向けのイベントは地域ケーブルＴＶのニュースネタにもなります。

図書館員は名刺を持っていない人が多いと言われていますが、ひきふね図書館パートナーズでは、ちゃんと自分たちの名刺をつくっています。図書館総合展や全国図書館大会などでのネットワークづくりには名刺は必須です。直近のイベントのチラシもあるとなお良いです。身内からの評価よりも、外部からの評価の方が信頼度は高いです。外部での知名度を上げることで、地域内での評価を高めましょう。

コミュニティの形成

図書館は目的がなくても、誰でも気軽に入れる場所です。難しく考えずに、まずゆるく誰でも集まれる場づくりを考えましょう。図書館に来ればいつも何かやっている、と思ってもらうことがリピーターを生みます。図書館パートナーズのメンバーが楽しければ、参加している人たちも楽しいはずです。ここに来れば心地良い空間があると思ってもらえます。ゆるいつながりのなかから、私も何かやってみたいと思う人が図書館パートナーズの仲間になるでしょう。

人はいくつものコミュニティに属していますが、企業のような大きいコミュニティだと自分の存在を実感しにくいものです。新たなコミュニティに参加することは煩わしさを感じるかもしれません。

図書館パートナーズが形成するコミュニティは少人数であり、参加の自由度も高いです。そのような複数のコミュニティに所属し人と交流することで、世界が広がり、豊かな生活につながるでしょう。

チームワークを最大化するための5か条

この章の最後にチームワークを最大化するための5か条をまとめます。図書館パートナーズを楽しむための心構えと思ってください。

①全員が納得できるビジョンを共有する

お互いの異なった価値観を理解し、新しい価値観を創造する。話し合う時間を大切にする。全員が発言し、よく聞く。

②自分の仕事は自分で探す
他人に依存せず自分のやりたいことをやる。
お手伝いします、はいらない。

③前向きなトラブル解決
問題発生時に原因ではなくこれからの対策を考える。
犯人探しはしない。

④人の意見を否定しない
できない理由ではなく、どうすれば実現できるかを考える。
評論家はいらない。

⑤とことん楽しむ

自分の楽しいことをする。嫌なことはしない。

主催者が楽しければ、参加者も楽しい。

【コラム】インタビュー②

鈴木　佳氏（ひきふね図書館パートナーズ　メンバー）

◇図書館パートナーズ参加前に図書館は使っていましたか？

休日の楽しみは読書です。図書館に定期的に通っていました。本を借りて返却するときに、返却本を見て他の人が関心のある本を知ることも楽しみでした。以前住んでいた地域では図書館のイベントはなかったです。

◇図書館パートナーズに参加したきっかけは？

墨田区に引っ越してきて、図書館に掲示しているポスターを見て、「なんだか面白そうだな」と思い養成講座に申し込みました。転職したタイミングだったので、心機一転で何か始めたかったこともあります。

◇図書館パートナーズ養成講座を受講した感想は？

最初に、現在の図書館業界の状況を教えてもらい、このままでは図書館がなくなると聞いて初めて危機感を持ちました。養成講座の内容は、図書館のイメージとはかけ離れたビジネス的手法を持ち込んでいることに驚きました。自分の思考の枠を越えて、発想することの難しさや、一見まったく関係なさそうなゲームやストーリーづくりがアイデア発想とつながっていることが斬新でした。

養成講座の成果物として「コーヒー講座」の企画書をつくりました。これは、２年後に墨田区のカフェのオーナーさんに交渉して講師をお願いし、「おいしいコーヒーの楽しみ方講座」を企画実施できました。

◇図書館パートナーズの活動で苦労したことは?

自分でイベントを企画し開催実施することが、なかなかできませんでした。自分の好きなこと、「お酒」や「献血」などをテーマにした、８人ぐらいの参加者で行うミニセミナーを何回か主催し自信をつけることができました。そのような小さな経験を積んで、今では講師をお招きした参加者40人ほどの自主企画講座が開催できるようになりました。

◇図書館パートナーズの活動でご自身にどのような変化がありましたか?

今まで自分が知らなかった、外の世界とつながる、勇気ある行動がとれるようになりました。図書館関係者の集まりなどで友人が増え、自分の知らないところへ飛び込んで、新しい発見がある楽しさを知りました。

◇これからのやりたいことはなんですか？

図書館パートナーズの活動で学んだ「ビジネスの発想」を今の福祉の仕事につなげたいです。人と人のつながりができたら良いと思います。何かやりたい人、何か伝えたい人が図書館で実現できる、人と人とがまたつながる、楽しくて面白い企画を立てたいです。

第4章

図書館イベントのつくり方

「イベント」と言われると難しく考えたり、身構えたりしてしまう人が多いと思います。自分でアイデアを考えて企画し、人を集めてイベントを開催し進行する経験はあまりないでしょう。しかし、アイデアさえあれば、場所と資料が無料で提供される図書館でのイベントの開催は簡単にできます。本章の手順で準備すれば、どなたでも企画から開催まで成し遂げられます。イベントに失敗はありませんので、どんどんチャレンジしましょう。

アイデア発想

通常の図書館で行うイベントは大きく、書籍を使ったイベント（読書会など）、講演会、工作会などがあげられます。それらのイベントもテーマや工夫しだいで魅力的になりますが、せっかくボランティアの立場で企画できるのですから、市民目線の今までにないアイデアで普段図書館に来ない人たちを引き付けるようなイベントを考えましょう。

たとえば、新しいデジタルカメラのアイデアを専門家が集まって考えた場合、画素数を増やす、ズームの精度を上げるなど技術的なアイデアしかでないが、素人が集まって考えると携帯電話にカメラ機能をつけるような画期的なアイデアが生まれる、と言われます。専門家は固定観念にとらわれているため、飛躍した思考ができないことの事例です。この固定観念を突き抜けるためにアイデア発想の正しいやり方が必要です。

そのためのアイデア発想法をいくつかご紹介します。

▽ブレイン・ストーミング（1グループ4～6人）

ブレイン・ストーミングは多様性を活かした自由連想を用いたアイデア発想法です。他人のアイデアに乗っかることで発想を広げることができます。つまり、複数の脳を接続することで、個人が考えることの何倍ものアイデアを生み出します。ここではそのための正しいやり方をご紹介します。ブレイン・ストーミングで大事なのは質より量です。いかに沢山のくだらないアイデアを出せるかです。実はくだらないアイデアの中に突き抜けているアイデアが潜んでいます。

ブレイン・ストーミングは模造紙に付せん紙に書いたアイデアをどんどん出していく単純

な発想法です。しかし、やり方が悪いとつまらない平凡なアイデアしか出てきませんし、手が止まってしまいます。活発な盛り上がったアイデア出しをするためには守るべきルールがあります。基本ルールは4つです。

1　大声で読みあげる
自分のアイデアを書いた付せん紙を出すときに書いていることを大声で読みあげます。他の人はアイデアを出すことに集中して付せん紙を見ていないので、大声で読みあげます。

2　ポジティブ原則
誰かがアイデアを読みあげたら、「いいね！」とか「なるほど、確かに！」などポジティブな言葉でリアクションします。ポジティブなリアクションで脳が活性化します。

3　他人のアイデアに乗っかる
他の人が読みあげたアイデアから連想することや、関連することをどんどん新しいアイデアとして付せん紙に書きます。連想から連想につながり新しいワードが次々生まれます。

４　質より量

とにかく出す！　やり続けるうちにゾーン（リラックスして集中している状態）に入り、そのうち笑いが出てきます。「そんなバカな！」などのリアクションもでます。そうなれば大成功です。素晴らしいアイデアが出ています。

アイデアのためのお題はストレートなものより、少しひねった設定でイメージしやすくします。「あなたのまちの良いところ」よりも「初めてのまちに行って、うわぉ！って感じるときや場面って？」の方がイメージがふくらみます。アイデア出しは椅子に座るより立ってやった方が盛り上がります。

▽親和図法によるグループ分け

親和図法は、ブレイン・ストーミングの際に、多数の参加者から出された大量のアイデアを付せん紙やカードを使い、共通性のあるものをグルーピングします。そして、グループの特徴がよくわかる見出しをつけることによって、問題の構造あるいは思考プロセスを支援することができます。

グループにはユニークな名前をつけます。ありきたりな名前にせず、グルーピングで発想の特徴をとらえるようにします。グループの面白さが一目でわかるグループ名をつけましょう。

【作成方法】
①ブレイン・ストーミングの結果をグルーピングする。
②グループに創造的な名前をつける。
グルーピングするときの注意として、それぞれのグループの「おもしろい！」と思うグループ名をキャッチフレーズ的に書く。

グループごとに親和図法で整理されたアイデアで特に突出したものなどを発表します。これらのアイデアをキーワードにして新たな企画を発想しましょう。

▽3分間アイデアソン（個人、グループどちらでも可）
ジェームスW・ヤングは『アイデアのつくり方』のなかで、「アイデアとは既存の要素

の新しい組み合わせである」と言っています。つまり、今ある二つのものの要素をかけ合わせて、新しいサービスや製品のアイデアを考えることです。iPhoneはパソコンと電話をかけあわせたイノベーティブなプロダクトです、と言えばわかりやすいでしょうか。

やり方は出題された一つのテーマに10個ぐらいのお題（商品・サービス）にかけあわせ、お題一つに3分間でアイデアを出していきます。たとえば、テーマが「図書館」であれば、お題は「ディズニーランド」、「パチンコ」、「和食」などを準備します。お題はテーマからできるだけ離れたものが良いです。異質なものの方が斬新なアイデアが生まれやすいからです。1分間でお題の「良いところ」をできるだけたくさん考えて、残り2分でその「良いところ」とテーマをかけあわせたサービスや製品を考えます。お題に対して一番良いアイデアをイラストにして見える化します。グループで行う場合は、グループ内のナンバー1を決めて、グループ同士で競い合うのも楽しいです。

お題はスライドで写真を用意するとイメージしやすいでしょう。タイムキーパーが1分、3分の区切りできっちり時間を読みあげるのがミソです。

（82ページ「アイデアソン・フォーマット例」参照）

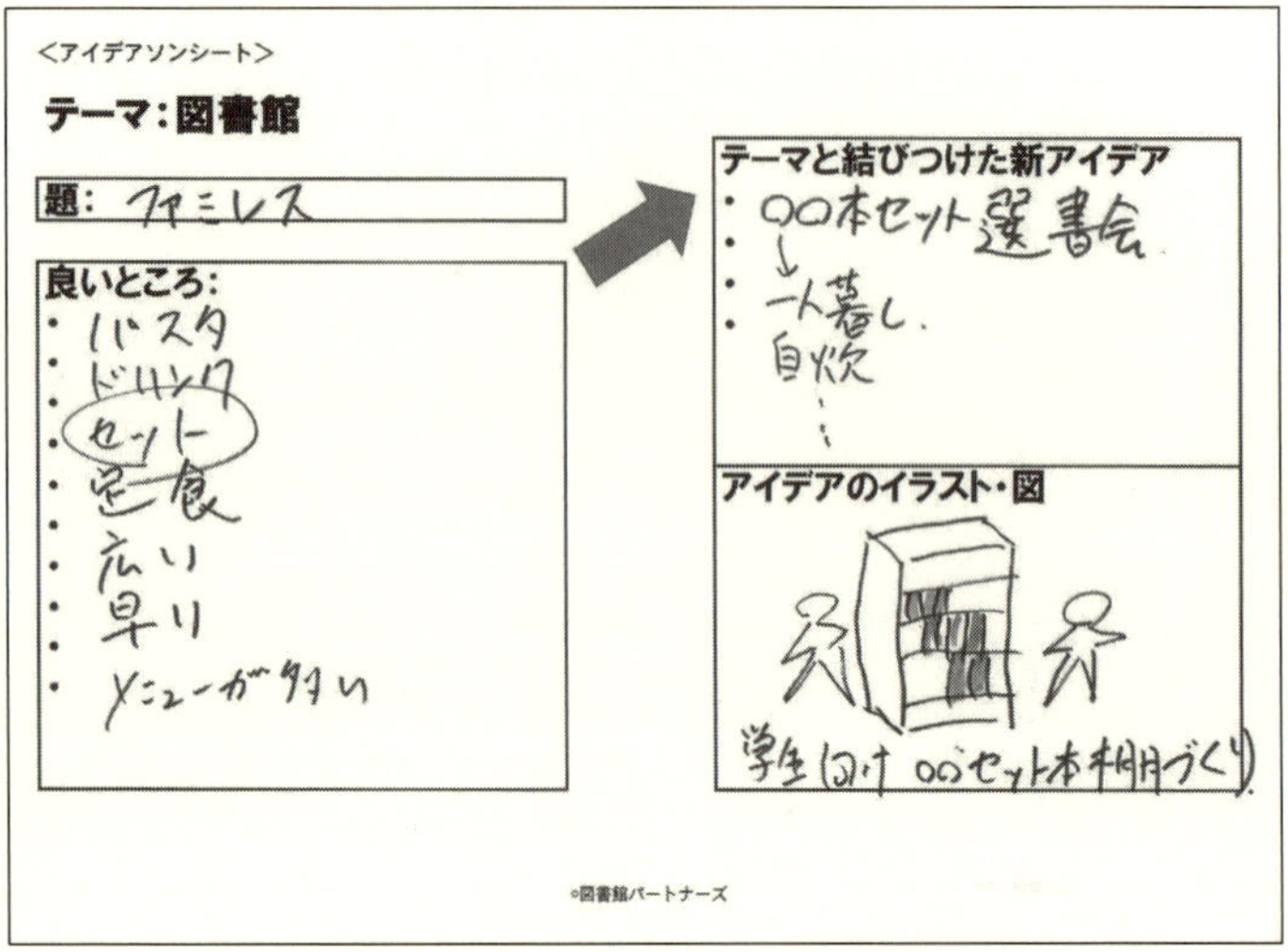

アイデアソン・フォーマット例

▽ペルソナ設定

「スープストックトーキョー（Soup Stock Tokyo）」をご存じの方は多いと思います。駅ビルなどに入っている、女性向けのスープ屋さんです。このスープ屋さんのコンセプトは、架空の人物を基にしてつくられました。彼女の名前は秋野つゆさん（37歳）です。都内在住で、独身か共働きで経済的に余裕があり、都心で働くバリバリのキャリアウーマン。社交的な性格で、自分の時間を大切にする、シンプルでセンスの良いものを追求する、装飾より機能を好む、フォアグラよりレバ焼きを頼む、プールに行ったらいきなりクロールから始める、などの性格や特徴があります。彼女のような女性が一人で食事をしたくなるようなお店づくりを考えたのが「スープストックトーキョー」です。なるほど、たまにお店をのぞくとアラサー女子でいっぱいです。

このように、特定の架空人物に名前、年齢、職業、住んでいる場所、家族構成、趣味、ライフスタイルなどを細かく設定し、その人物が好むサービスや製品を考える手法がペルソナ設定です。

図書館に来てほしい人のペルソナを設定して、その人のうれしいことや嫌なことを考え、そのために図書館でできることを発想しましょう。(84ページの「ペルソナ設定の項目例」参照)

アイデア発想法はいくつか組み合わせてやると、具体的なアイデアや、当初とは真逆の発想のアイデアを考えつくことができます。他の人に話すことによって、より具体化しアドバイスをもらうことができます。

ペルソナ設定の項目例

名前

性別

年齢

職業

収入

家族構成

居住地

趣味

休日の過ごし方

好きな雑誌やメディア

担当している主な業務

悩んでいること

チャレンジしていること

検索（連想）しているキーワード

企画立案

図書館イベントのアイデアがでたら、早速企画書をおこしましょう。図書館で普段やらないようなイベントは歓迎ですが、なぜ図書館でやるかという意図は必要です。つまり図書館の活性化につながるイベントであることが要件です。

企画書はＡ４一枚にまとめましょう。人に伝わる情報はせいぜいその程度です。詳細説明や写真、図表は別紙にします。

企画書の書き方

企画書

・企画名：企画タイトルはとても大事です。行政の広報誌に掲載したり、図書館のチラシにする場合、利用者の目を引くキャッチーなタイトルにしたいものです。企画書作成の最後に考えた方がよいかもしれません。

・**対　象**：誰に対しての企画か。一般、ビジネスパーソン、中高生、未就学児、親子など。

・**目　的**：イベント企画の目的。読書推進、利用者交流、利用者登録推進、ビジネス支援、スキルアップなど。

・**手　段**：イベントの実施概要。準備や当日スタッフで人手が必要な場合は明記しておく。

・**実施日・実施場所**：実施予定日と実施場所は、使いたい場所、たとえばホールや会議室がその時間帯に空いているか、あらかじめ図書館と調整する。パートナーズでは図書館から毎月ホールや会議室の空き状況をもらっている。

・**PR方法**：行政の広報誌、図書館内でのポスター・チラシ、図書館HP（=ホームページ）、パートナーズHP、Twitter、Facebookなど。

行政の広報誌の場合は、自治体によって掲載時の数ヶ月前に枠取りが必要な場合がある。墨田区の場合は４ヶ月前に枠取り、１ヶ月前に最終入稿です。企画によっては、ＨＰやＳＮＳだけで広報する場合があります。その場合は１ヶ月前からの広報で大丈夫でしょう。

・収支計画：講師料や工作の材料費がかかる場合に記述します。図書館の資料を使うだけであれば特になしでよいです。

講師料については講師のランクで謝礼が決まるので図書館で調整いただいています。講師の方には図書館なのでお車代程度しか出せませんとお伝えし、それで了承いただければお願いしています。講師が著者の場合は、著作の紹介、頒布ができることで講師料なしでお願いするケースが多いです。

（88ページの「企画書フォーマット図」参照）

企画書フォーマット図

企画立案日　２０１９年　　6月　5日

「ビジネス支援セミナー」

企画責任者：　小田垣宏和　北村志麻

企　画　名	ひきふね図書館ビジネス支援プロジェクト 「初心者向け　コーチング入門！」
企画概要	■対象（誰・何に対して） 墨田区の企業で、部下を成長させたい人、コミュニケーション力をつけた ■目的 ・貸出図書の増加 ・墨田区の人材育成および地域活性化 ■手段 コーチングを学びたい人のために、コーチングのエッセンスの紹介と、簡単な実践ワークによって基本的なスキルを体験してもらう講座です。 ・コーチングの基本がわかる ・「傾聴」、「質問」、「承認」のスキルを理解する ・「インタビュー・ワーク」でコミュニケーション・スキルを身につける ・「傾聴」を人材育成に活用できるようになる ・コーチング関連図書のブックトーク（図書館ビジネス支援担当者） ・参加者定員　３０名 ■実施日・実施場所 7/27(土)　１４：００～１５：３０ ・５階会議室　（３０席） ■ＰＲ方法 図書館全館でのポスター・チラシ 図書館ニュース 図書館HP、パートナーズFBページ プロジェクト・コーナーでのビジネス書展示 ■受付方法 ・図書館への電話・Fax・カウンターでの受付 ・E-mail ・先着順　３０名
実施体制	図書館　　　　：パートナーズ担当者、ビジネス支援担当者 パートナーズ　：小田垣、北村
収支計画	無し
図書館への確認事項	５階会議室、ＰＣ、プロジェクター、ワークショップ用文具、机、椅子の使用

図書館への依頼書

図書館への依頼事項、たとえば広報や印刷、購入してほしい物品などがあれば依頼します。企画書での依頼事項を詳細に記述することで企画者と図書館で齟齬《そご》がないようにします。図書館にとっては、作業がどの程度の負担になるかの見極めになります。

この依頼書の役割は、図書館側に企画書、依頼書に書いていない作業で職員に負担を与えないことです。メンバーの中には、自分の理想のために職員に過度な要求をする場合があります。その要求によって職員が病気になる事態に発展したため、ルールをつくりお互いの作業分担を確認できるようにしました。

たとえば、映画会を開催する場合、会議室に暗幕がないのでダンボールを窓全面に貼る作業を職員に手伝わせる。依頼書に書いてない工作の前準備を職員に手伝わせるなどがありました。職員さんも断ればいいのですが、こちらがボランティアなので、手伝わなければならないと思い込んでいて、企画担当者が無理強いするような接し方である場合に問題が起こります。

（90ページの「依頼書フォーマット図」参照）

依頼書フォーマット図

【パートナーズ企画】　パートナーズ⇒ひきふね図書館　依頼書　　提出日：2019/06/05

企画名	「初心者向け コーチング入門！」	実施日	2019年 7月 27日（土） 14時～ 15時30分

1. 会場の確保と時間

（○）5階会議室　（ ）2階プロジェクトコーナー　（ ）2階正面玄関脇展示スペース

（ ）はだしのコーナー　（ ）こども多目的室　確保時間：13:30～16:00

2. PR

＊原則原本提出期限について、区報は実施月より3ヶ月前、その他は1ヶ月前15日が締切日

（ ）区報　（○）図書館ニュース　（○）図書館ホームページ

3. ポスター・チラシの印刷（その他配布先あれば記入）

＊原則配布先は、ひきふね・緑・八広・立花図書館4館、横川・東駒形・梅若橋コミニティー3館に、区報発行日迄配布

＊　同　部数は、ポスター（ひきふね図書館2～4階各1枚、他各館1枚）、チラシ（ひきふね図書館2階50枚、各館30枚）

尚、チラシの補充は、ひきふね図書館のみ。　備考

① その他の配布先と部数：＿＿＿部

4. 資料の印刷（必要あれば記入）　備考

① 実施日配布の資料部数：＿＿＿部

② 同　アンケート部数：30 部

③ その他の資料部数：＿＿＿部

5. 購入する物品（必要あれば記入）

	品名	規格・型番	数量
①			
②			
③			
④			
⑤			
⑥			
⑦			

5. 借用する物品（机・椅子・マイク・プロジェクターなど必要あれば記入）

	物品名	数量	備考
①	机	15	
②	椅子	35	
③	PC	1	
④	プロジェクター	1	
⑤	マイク	1	
⑥			
⑦			

6. 関連する図書館資料を集める（必要あれば記入）

コーチング・コミュニケーション関連資料

7. 講師料（必要あれば記入）

8. 打合せ（必要あれば希望日記入）

9. 実施日対応（必要あれば希望時間記入）

（○）会場設営　（○）受付　（○）会場撤収

（○）案内サイン　（○）他　講座終了後、関連資料の説明（ブックトーク）

スケジュールフォーマット図

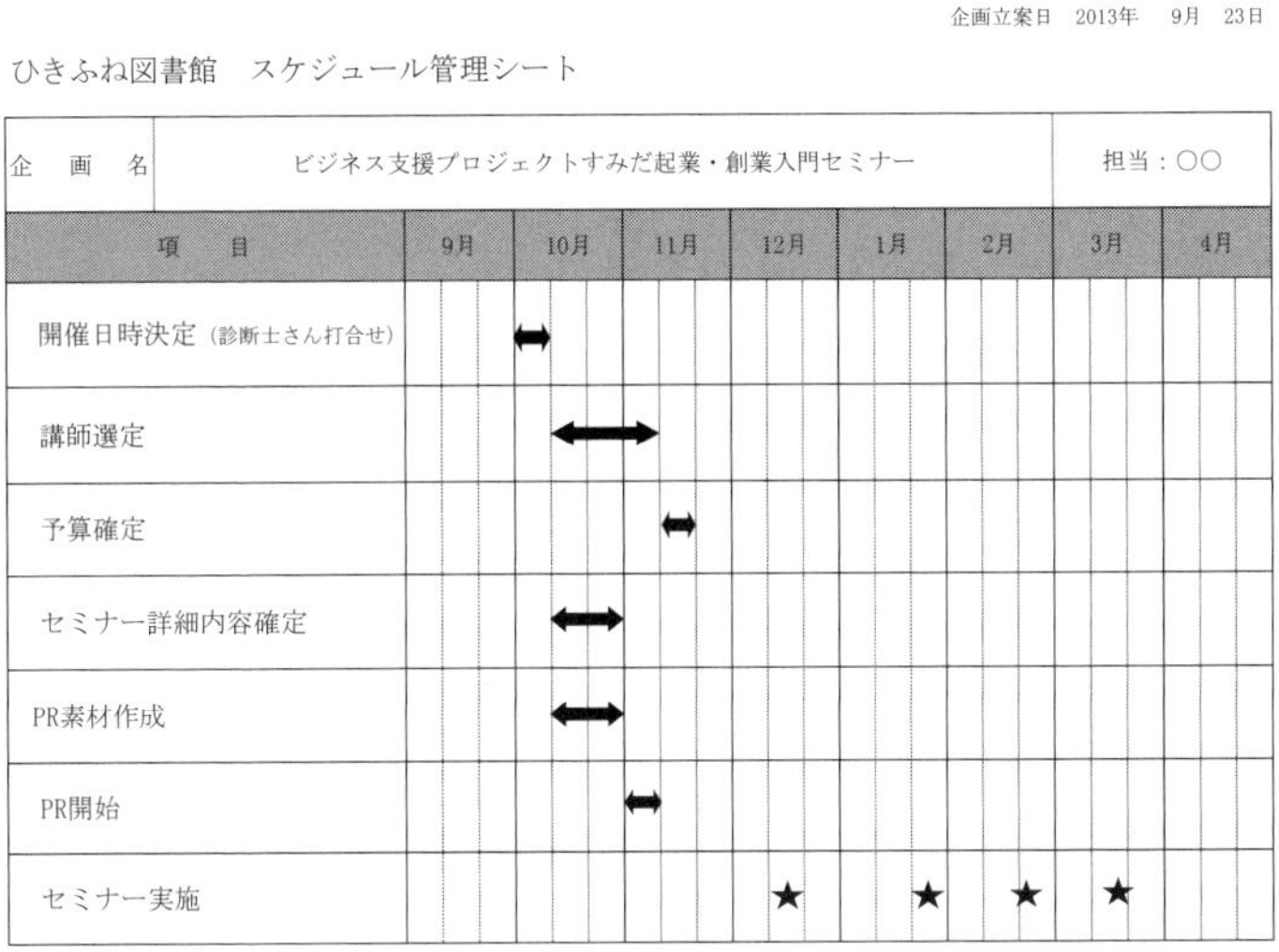

企画立案日　2013年　9月　23日

企　画　名	ビジネス支援プロジェクトすみだ起業・創業入門セミナー								担当：○○
項　目	9月	10月	11月	12月	1月	2月	3月	4月
開催日時決定（診断士さん打合せ）		↔						
講師選定		↔						
予算確定			↔					
セミナー詳細内容確定		↔						
PR素材作成		↔						
PR開始			↔					
セミナー実施				★	★	★	★	

スケジュール

イベント開催日から逆算してスケジュールをつくります。行政や図書館の広報誌の枠取りや原稿締切、参加者募集開始日、チラシやポスターの配布予定など考慮しましょう。

（上記の「スケジュールフォーマット図」参照）

広報活動

チラシ・ポスター作製

図書館内で配布されるチラシは往々にして見栄えが悪く、わかりにくい物が多い気がします。タイトルや説明文、詳細情報がうまくレイアウトされていないと情報が伝わりません。利用者に参加してもらうためのイメージも大事です。人の注意を引きつけるアイキャッチには写真やイラストを使い、文字だけのチラシはやめましょう。

ポスターはチラシよりも効果的にアピールできるよう、イメージを重視し、スッキリしたレイアウトを目指しましょう。キャッチコピーやイラストなどを大きく使い、詳細情報を詰め込みすぎず必要な連絡先だけで十分です。チラシは読んでもらう物、ポスターは見てもらう物です。ポスターの近くにチラシを置いて、アイキャッチと詳細情報を伝える役割を分けて活用します。

チラシやポスターはイベントごとに使い回すことで、作業負荷を軽減できます。ワードやパワーポイントでつくっておけば、タイトルや日時などを入れ替えて他のメンバーで再利用できます。良いデザインのポスターやチラシは街にあふれています。良いデザインを意識していると自然に目に入ってきます。これを心理学用語でカラーバス効果と言います。学びはまねることからです。どんどん良いものをまねしましょう。

（上記の「チラシ図」参照）

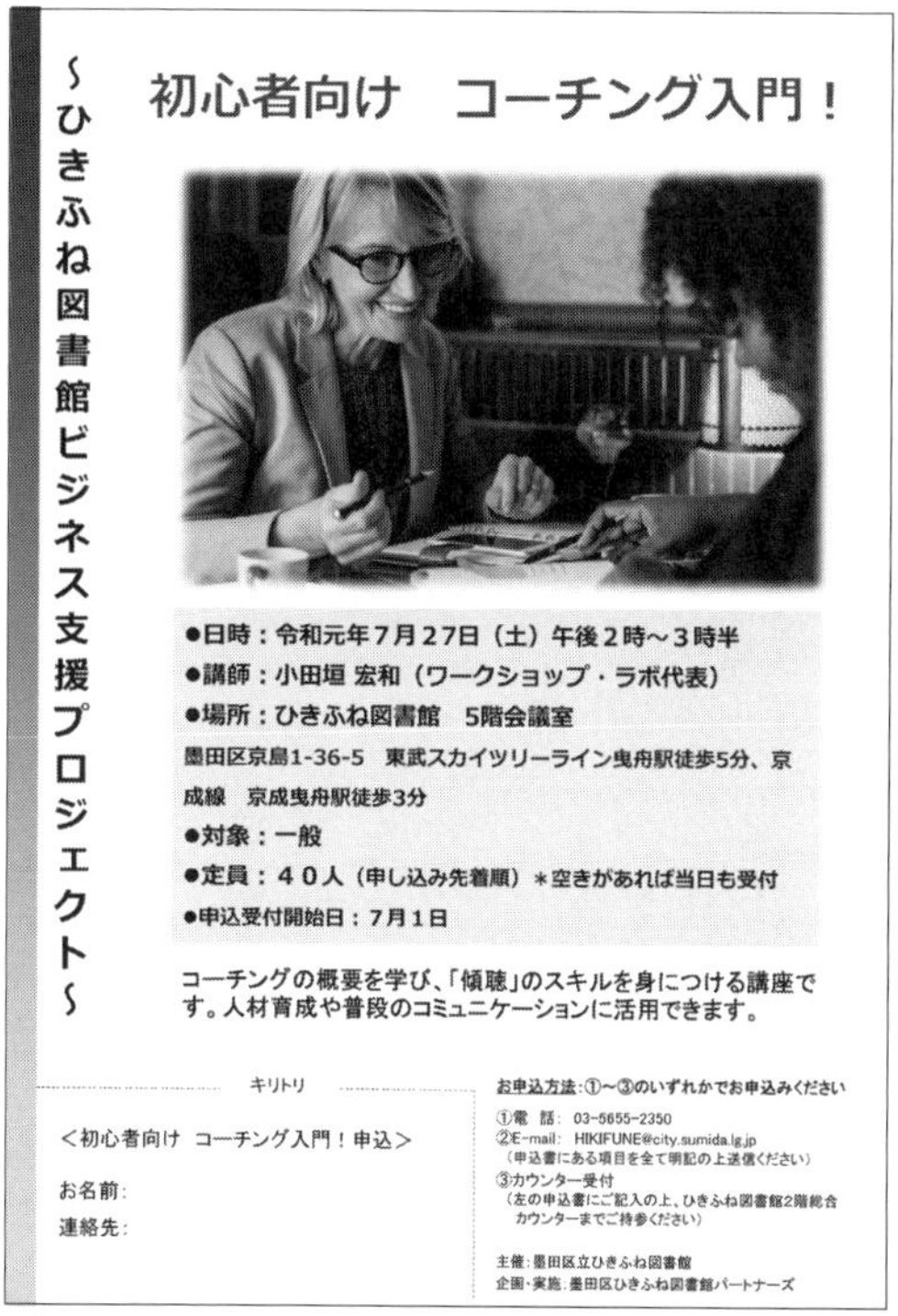

チラシ図

SNS投稿

作成したチラシはSNSの投稿に添付しましょう。PDFではなく写真に変換すれば、FacebookページやTwitterに添付できます。イベントの詳細情報を投稿欄にコピー&ペーストすれば手間もかかりません。Facebookにイベントを立てれば、参加者の人数を把握することができます。イベントを立てたあとに、タイムライン上にシェアするのが効率的です。イベントには友達を招待できるので、積極的に拡散しましょう。前述の活動の手順にある通りに、Facebookと Twitterを連携させておけば、Facebookの投稿が自動的にTwitterに投稿されるので、一度の手間で済みます。

イベント開催

イベント準備

イベント当日に向けての準備は、イベントの種類によって違ってきますが、参加者リストの作成、会場のレイアウト、受付案内などがあります。参加者リストは図書館が受付になっている場合、図書館でつくってもらう方が良いでしょう。図書館イベントは多くが無料のため、どうしても当日のキャンセルがあることは避けられません。その対応として、定員より少し多めに受け付けることもあります。

イベントによっては、受付時に大人向けの場合でも子連れで良いのかなどの質問や、親子参加の場合も工作などで未就学児は大丈夫かなど聞かれることがあります。イベントの内容によって異なりますので、企画書に受付時の対応を明記しておくと良いでしょう。

講演会などでプロジェクターやＡＶ機器を使う場合は、事前にＰＣとの接続アダプターに問題が無いか確認しておくことが大事です。特に講師の方をおよびする場合は、ＰＣ持参か、ＵＳＢでデータのみ持って来られるか、事前にデータだけ送付されるか、それぞれで対応が違ってきますので気をつけましょう。講師の方の資料印刷を図書館で行う場合は、十分に時間の余裕を持ってデータをいただくようにします。

イベント当日

イベント当日は、受付からはじまります。予約で満席の場合は良いですが、多少席が残っている場合は館内放送でイベントの案内をしてもらいます。会場がオープンスペースの場合は通りがかりの人が立ち止まって見ている場合もありますので、手があいていれば席をすすめます。

イベント開始の挨拶、司会者は企画立案者がします。イベントの参加のお礼と趣旨説明をします。そして重要なことは、誰が企画実施しているかの説明です。ほとんどの参加者は図書館パートナーズの存在を知りません。ボランティアと図書館員の違いがわからないからです。図書館パートナーズは市民が自主的にイベントを企画実施するボランティアであることをアピールする大事な機会です。

イベントでは記録のために写真を撮ることを諸注意として説明しておきます。撮影した写真は活動報告として使うが、掲載されて困る人は後からスタッフに申し入れてくださいとお知らせしておきます。

イベントはできるだけ時間内に終了するようにします。もし、時間が延びそうであった場合は、一旦時間どおりに閉会して延長しても大丈夫な人は残ってもらうようにします。最後はアンケートを書いてもらって終わります。アンケートの項目は、参加者の地域や年齢が知りたいのか、興味があるテーマについて知りたいか目的にあわせて考えましょう。クレームは次回への改善点として大事ですが、どんなテーマでも自分にあわないと言う人はいますので、大多数の満足度が高ければ、数人の不満足があっても大丈夫です。無料イベントの場合は、イベントのテーマについてよく理解しないまま参加する人もおられます。思っていたものと違った、と言われてもどちらも不幸ですが仕方がないことです。

活動実績報告

イベント開催後は速やかに活動報告をホームページ（ブログ）やＳＮＳに掲載します。撮影した写真を数枚とイベントの様子を４００文字程度書けば十分です。活動報告がないとやっていないことと同じです。せっかく苦労してやり遂げたイベントを実績として見えるように残しましょう。活動報告を見てくれることが次の集客にもつながります。図書館ニュースなどを発行している図書館では、好評だったイベントを特集してもらうことも良いでしょう。

イベントの紹介

ひきふね図書館パートナーズで開催された、イベントのご紹介です。それぞれ特徴的なものをピックアップしました。ご参考にしてください。

▽READATHLON《リードアスロン》　8時間耐久読書会

リードアスロン　8時間耐久読書会への参加者

「トライアスロンのような競技を読書会でできないか」との発想で企画されたイベントです。タイトルは「READ」と「TRIATHLON」を組み合わせて、「READATHLON」リードアスロンとしました。図書館の開館時間が9時から17時だったので、8時間耐久読書会と多少大袈裟にしています。大量の書籍の中から自分のテーマに近い書籍を数冊選び、書籍からの学びを共有します。大量の書籍を使うため、参加者は最初に日本十進分類法という図書分類法を学び、図書館での検索方法を実践してもらいます。一日かけて図書館を活用できる、図書館との親和性がとても高い企画です。

　読書会の内容はトライアスロンの競技種目に沿って行われます。

Swim：探す、泳ぐように「目的」「テーマ」「書籍」の探索・収集
Bike：速読、10～20冊の本の中から、キーワードや関連性の洗い出し
Run：精読、最もテーマに沿った内容の本を3～4冊絞り込み、精読
Goal：共有、学びのまとめ、グループで発表

図書館の新しい活用方法として開発しました。10～20人の参加者で一度に全体で２００冊程度の書籍を使います。読書会の最後には「完走証」ならぬ「完読証」を参加者にお渡ししています。（98ページ「リードアスロン写真」参照）

▽中学生落語会

図書館ボランティアとして最初に開催したいと考えた企画が落語会でした。江戸川区などの図書館では無料で真打の落語家さんの落語会を開催していました。私もひきふね図書館で開催したいと思いましたが、予算がありませんでした。プロは呼べないのでどうしようかと考えていたところ、ひきふね図書館パートナーズの中学生グループ「おもてなし課」の男

中学生落語会の様子

子中学生と話す機会があり、なんとT中学には落語研究会があるとのこと。さっそく、顧問の先生に連絡して、図書館での中学生落語会の開催をお願いしました。T中学落研は文化祭などでしか、発表の場がないので、ぜひやらせてほしいとの回答をいただいて実現した次第です。

中学生にとっても学校以外の場所で発表できる。参加者にとってはプロの落語はお金を払えば見られますが、かわいい中学生落語は図書館でしか見られない。双方にとってWin-Winな企画となりました。

中学校の落研では真打の落語家さんが指導しており、落語も3年生は中学生とは思えないレベルの高さ、1年生はかわいらし

ぬいぐるみお泊まり会の様子

く（笑）、お客さんは高齢者から小学生までの幅広い層で、みなさん満足していただきました。

予算があれば色々な企画ができることは確かですが、予算がなければお金のかからない方法を考え、工夫をすることで個性的な企画になることがあります。近隣で地域活動をしている方と接点を持つことで地域密着型のイベントのアイデアが湧いてくるでしょう。（100ページ「中学生落語会写真」参照）

▽ぬいぐるみお泊まり会

ぬいぐるみお泊まり会は今では一般的なイベントになっているので、知っている方も多いのではないでしょうか。

子どもたちがぬいぐるみと一緒に読み聞かせ会に参加し、ぬいぐるみを寝かしつけて子どもは帰ります。ぬいぐるみたちが夜中に図書館で動き出す姿をこっそり写真に撮ります。翌日、子どもたちにぬいぐるみを返すときに写真をカードにしてぬいぐるみが読んでいた絵本と一緒に渡します。

ひきふね図書館パートナーズでは、お泊まり会の翌日に、ぬいぐるみを1泊だけで返すことにこだわっています。なぜなら、子どもの記憶が新鮮なうちに返してあげたいからです。参加者が20人ほどだと手間も時間もかかるので、普通なら2、3日かけてぬいぐるみの撮影を行います。我々も最初は手間もかかり苦労しましたが、年ごとにスケジュールや作業方法を改善しました。中学生グループ、「おもてなし課」にも協力してもらい、カードの作成など事前にできることは前日にする。チームごとに分担を決めて平行作業で撮影する。ぬいぐるみにタグをつけて管理するなど工夫を重ね、一晩で完了するようにしました。撮影した写真をスライドショーにして、翌日電子黒板で子どもたちに見せてあげます。このときの子どもたちの喜びの顔が最高の幸せです！（101ページ「ぬいぐるみお泊まり会写真」参照）

まちライブラリー・ミニセミナーの様子

ぬいぐるみお泊まり会スライドショー
https://yahoo.jp/box/EOmsxy

▽まちライブラリー・ミニセミナー

まちライブラリーは、メッセージを付けた本を持ち寄り、交換し、人と出会う私設図書館のグループです。カフェ、お寺、歯医者さんなどの人が集う場所であればどこでもつくることができます。ひきふね図書館の場合は、公共図書館の中にまちライブラリーをつくる初めてのケースでした。図書館の書籍とまちライブラリーの書籍が混在すると困るなどの理由で図書館からなかなか許可がでませんでしたが、メンバーのがんばりでオープンにこぎつけました。

ひきふね図書館のまちライブラリーでは、第4日曜日にミニセミナーを行うことにしました。ミニセミナーとは、なんでも良いのでテーマを決めて8名ぐらいで語り合う集いです。勉強会など敷居の高いものではありません。「池波正太郎を語ろう」、「マラソン好き集まれ！」「輪行実演会」「お酒について語ろう」などテーマは自由です。まちライブラリーの参加費はもちろん無料ですが、寄贈する本を1冊提供していただく事になっています。自己紹介のときに、この寄贈本の紹介をしてもらいます。自分自身を語るよりなぜこの本を選んだかを語ることによってその人の人柄がよくわかります。所蔵された寄贈本は、ミニセミナー開催にあわせて貸出もします。

毎月定例で開催することで、リピーターを生みコミュニティを形成できることが、まちライブラリーの大きな魅力です。実際に区民で参加されていた男性が「文化文政時代」についてのホストを引き受けてくださいました。サービスの享受者から提供者に変わることで、コミュニティへの関わり方が変わり、つながりが広がっていきます。

ミニセミナーは定例の企画としておけば、毎月のテーマを決めるだけですので、イベント企画が苦手な人でも簡単に開催できます。ホストがしゃべるより、参加者に語ってもらえば、参加者の満足度は高いです。（103ページ「まちライブラリー写真」参照）

まちライブラリー
http://machi-library.org

参考文献

・ジェームス W・ヤング著『アイデアのつくり方』 CCメディアハウス
・北村志麻著『図書館のためのイベント実践講座』 樹村房
・仁上幸治著『図書館のためのPR実践講座－味方づくりの戦略入門－』 樹村房
・遠山 正道著『スープで、いきます　商社マンがSoup Stock Tokyoを作る』 新潮社

ひきふね図書館パートナーズ年間イベント実績事例（2016、2017）

２０１６年度　イベント実績		
日程	企画名	参加者数
4月2日	春の図書館祭り	120人
4月20日	ビジネスマンのための読書会	14人
4月23日	シャーロック・ホームズ講演会	34人
4月24日	まちライブラリー×まちぐるみ読書会	4人
5月15日	ひきふね図書館おもてなし課　活動	―
5月22日	まちライブラリー×ミニセミナー	3人
5月28日	落語の楽しみ方	34人
6月4日	小学生のための図書館＆データベース活用セミナー	18人
6月8日	「1冊20分、読まずに「わかる！」すごい読書術」著者講演会・サイン会	41人
6月15日	ビジネスマンのための読書会	10人
6月18日	時代小説の楽しみ方	40人
6月19日	ひきふね図書館おもてなし課　活動	―
6月19日	図書館で起業のキッカケつかみませんか？	12人
6月23日	「英語の仕事術」著者講演会・サイン会	38人
6月26日	まちライブラリー×まちぐるみ読書会	5人
6月26日	すみだ環境フェア	320人
	最新ビジネス書展示コーナー	―
	特別展示「すみだストリートジャズフェスティバル」	―
7月17日	ひきふね図書館おもてなし課　活動	―
7月24日	まちライブラリー×ミニセミナー	2人
7月30日	シャーロック・ホームズ講演会	23人
8月16日	ビジネスマンのための読書会	7人
8月20日	ひきふね図書館おもてなし課　活動	―
8月21日	親子で未来を創るワークショップ	13人

8月22日	ひきふね図書館おもてなし課　活動	−
8月28日	まちライブラリー×まちぐるみ読書会	19人
9月11日	READATHLON 8時間耐久読書会	6人
9月24日	ひきふね図書館おもてなし課　活動	−
9月24日	ぬいぐるみお泊まり会	22人
9月25日	まちライブラリー×ミニセミナー	4人
9月25日	ひきふね図書館おもてなし課　活動	−
9月25日	ぬいぐるみお泊まり会	22人
10月16日	ひきふね図書館おもてなし課　活動	−
10月19日	ビジネスマンのための読書会	17人
10月23日	まちライブラリー×まちぐるみ読書会	6人
10月30日	もっと本がすきになるしつもん読書会	2人
11月20日	ひきふね図書館おもてなし課　活動	−
11月26日	寺島落語会	42人
11月27日	まちライブラリー×ミニセミナー	2人
12月17日	点字用紙を使った「クリスマスリース作り」	4人
12月18日	ひきふね図書館おもてなし課　活動	−
12月18日	みんなで百人一首！	21人
12月21日	ビジネスマンのための読書会	11人
12月25日	まちライブラリー×まちぐるみ読書会	1人
1月7日	春の装いポプリフラワー	8人
1月8日	すごろく大会「すごろくワークショップで学ぶ葛飾北斎の世界」	23人
1月15日	ひきふね図書館おもてなし課　活動	−
1月22日	まちライブラリー×ミニセミナー	5人
2月1日	デコドレスの展示	−
2月4日	図書館で創業セミナー	16人
2月4日	ハーバード・ビジネス・レヴュー読書会	11人

2月11日	親子の違いを知って子育てをもっと楽しもうセミナー	20人
2月12日	ひきふね図書館おもてなし課　活動	−
2月15日	ビジネスマンのための読書会	6人
2月19日	ひきふね図書館おもてなし課　活動	−
2月26日	まちライブラリー×まちぐるみ読書会	7人
3月5日	ネパール「夢小学校」の話を聞こう！	46人
3月5日	ハーバード・ビジネス・レヴュー読書会	5人
3月18日	「ニジェール物語」著者講演会・サイン会	18人
3月19日	ひきふね図書館おもてなし課　活動	−
3月20日	アラウンド150cm女子限定ファッション読書会	3人
3月25日	素敵なアロマミニブーケ	14人
3月26日	まちライブラリー×ミニセミナー	5人
3月26日	読書会「八月の路上に捨てる」	13人
合計		1117人

２０１７年度　イベント実績

日程	企画名	参加者
4月2日	佐和田久美出版記念講演会	60名
4月8日	エジプト発掘講演会	47名
4月8日	ハーバード・ビジネス・レヴュー読書会	10名
4月9日	おもてなし課、お祭りはじめるってよ	110名
4月23日	まちライブラリー	4名
4月23日	人生・生きがい〜読書会	16名
5月14日	ハーバード・ビジネス・レヴュー読書会	8名
5月28日	まちライブラリー	5名
5月28日	人生・生きがい〜読書会「火花」	12名
6月3日	ひきふね寄席	41名

6月7日	著者デビューの方法 講演会・サイン会	21名
6月10日	ハーバード・ビジネス・レヴュー読書会	8名
6月17日	シャーロック・ホームズ講演会	35名
6月24日	すみだ環境フェア 2017	212名
6月25日	まちライブラリー 「万葉集入門　～万葉集散歩～」	3名
6月25日	人生・生きがい～読書会 「森鷗外」	16名
7月1日	時代小説の楽しみ方	53名
7月1日	創業者支援セミナー	8名
7月8日	ハーバード・ビジネス・レヴュー読書会	10名
7月16日	国際交流プロジェクト「ネパールの小学生とおもてなし課メンバーのスカイプ交流」	－
7月20日	すみだストリートジャズフェスティバル写真展	－
7月23日	調べる学習「点字を作ったルイ・ブライユについて調べよう」	7名
7月23日	まちライブラリー・ミニセミナー「北斎も活躍した、文化文政時代の江戸を学ぼう」	4名
7月23日	人生・生きがい～読書会「ビタミンF」	21名
8月5日	手芸シリーズ「アロマサシェ作り」	8名
8月11日	ハーバード・ビジネス・レヴュー読書会	14名
8月20日	人生・生きがい～読書会「鶴八鶴次郎」	12名
8月26日	聞こえない方のための「手話朗読会」	38名
8月27日	まちライブラリー・ミニセミナー	6名
9月9日	ハーバード・ビジネス・レヴュー読書会	8名
9月24日	人生・生きがい～読書会	16名
9月24日	まちライブラリー・ミニセミナー「タッセル付きしおり作り」	6名
9月29日	夜の絵本の読書会「テーマ「生きる」に沿った絵本紹介」	10名
10月18日	シャーロック・ホームズ講演会	26名
10月22日	まちライブラリー・ミニセミナー「酒と本の読書会」	4名

10月22日	ハーバード・ビジネス・レヴュー読書会	11名
10月22日	人生・生きがい、青春、恋愛・結婚、社会・歴史を考える読書会	7名
10月27日	第2回　夜の絵本の読書会「絵本のテーマ「Love愛する」」	8名
11月12日	手芸シリーズ№8「The 1st 働く女性のためのアロマテラピー」	18名
11月24日	夜の絵本の読書会	7名
11月26日	まちライブラリー・ミニセミナー「巨人ファン集まれ！」	1名
12月5日	まきまき工作会4「まつぼっくりツリーを作りませんか」	5名
12月9日	ハーバード・ビジネス・レヴュー読書会	6名
12月9日	冬のおたのしみ会	60名
12月15日	すみとりーゲームシートと北斎すごろく等の展示	—
12月17日	おもてなし課	4名
12月24日	まちライブラリー&ミニセミナー「断捨離読書会」	4名
12月24日	人生・生きがい、青春、恋愛・結婚、社会・歴史を考える読書会	17名
1月7日 日	新年「すみとり—」ゲーム大会	15名
1月7日	手芸シリーズ№9「冬休みワークショップ　アロマワンコづくり」	14名
1月13日	ハーバード・ビジネス・レヴュー読書会	11名
1月14日	図書館でイベントしませんか？	17名
1月21日	おもてなし課	6名
1月28日	人生・生きがい、青春、恋愛・結婚、社会・歴史を考える読書会	18名
2月4日	ハーバード・ビジネス・レヴュー読書会	19名
2月17日	シャーロック・ホームズ講演会	39名
2月25日	おもてなし課「Ｔｈｅ読書会　有川浩好きな人集まれ」	—

2月25日	おもてなし課「君の釣った本を読みたい」	29名
2月25日	人生・生きがい、青春、恋愛・結婚、社会・歴史を考える読書会	19名
3月7日	おいしいコーヒーの楽しみ方４	33名
3月10日	ハーバード・ビジネス・レヴュー読書会	12名
3月18日	おもてなし課	－
3月25日	ミニライブラリー＆ミニセミナー	1名
合計		1028名

第5章

ひきふね図書館パートナーズ・ストーリー

前述した「図書館パートナーズのつくり方」がコミュニティ形成の正しい方法ですが、残念ながら、ひきふね図書館パートナーズの成り立ちはそうではありませんでした。ひきふね図書館パートナーズの6年の歴史のなかでは数々の問題や事件が起きました。もちろん、楽しみや、やりがいがあったからこそ今も元気に活動できていますが、反面、苦しみや、悲しみもありました。

「プロジェクト・リーダー養成講座」から手探り状態で開始した新図書館ボランティアたちは波乱に満ちた海原に乗り出して行きます。

ひきふね図書館の成り立ち

2012年時点で墨田区の5館あった図書館のうち2館が閉館となって、2013年4月に新図書館であるひきふね図書館が開館しました。歴史がある旧図書館の老朽化による閉館は仕方なかったのですが、図書館が1館減ることは区民サービスの劣化となるため反対する区民グループもいました。ひきふね図書館は墨田区の都市再開発の一環として、タワーマンションの2階から5階に築かれました。図書館をつくるための設計ではなく、マンション構造の中に無理やり図書館を押し込めているため、使い勝手の悪い図書館となってしまいました。

新図書館反対派の運動があったため、「行政と区民の協働でできた図書館」との名目で「プロジェクト・リーダー養成講座」が立ち上げられたとも考えられます。養成講座の第1回には反対派グループの人も参加していました。講座はおとなしく受講していましたが、講座終了後の図書館員への質問で、反対派グループが税金の無駄遣いなど糾弾し始めたのには驚きました。上記のような経緯は一般区民の耳には入って来なかったのは事実です。反対派の人たちはさすがに2回目以降参加しなかったです。

養成講座の受講生たちは「できたものは仕方ないが、ネガティブからは何も生まれない。箱が悪くてもソフトで日本一を目指そう」と前向きに活動を始めました。

ゴールなき養成講座

養成講座開始

2012年6月、墨田区区民活動推進課（当時）が運営していた「ガバナンス・リーダー養成講座」を図書館に持ち込みたいとの図書館長の意向で、「プロジェクト・リーダー養成講座」が始まりました。講座内容は「ガバナンス・リーダー養成講座」の講師を招き、座学とワークショップの組み合わせで行われました。隔週毎に講座が開催され、土曜日午後と木曜日夜間の二つのコースに分かれていました。両方とも20人ほどでしたが、土曜日の方が、年齢層が高いようでした。年齢層の違いは私もそうでしたが、ビジネスパーソンは土曜の午後の時間を潰されるよりは、平日夜間の方が時間管理しやすいことが理由だと思います。

座学では、墨田区の図書館員が国内の先進的な図書館をスライドで紹介しました。ワークショップはワールドカフェでした。ワールドカフェとは、カフェのようにリラックスした中で行う新しい討論のやり方です。「新しい図書館でできること」、「新しくやってみたいこと」などのお題で、企画のアイデア出しを何回か行いました。1ヶ月過ぎたところで、40人全員で活動のグループ分けを行いました。40人がそのまま個々に活動できないので、ある程度グループ化して、リーダーを決めて運営しようという図書館の考えです。

グループのテーマは、あらかじめ図書館でいくつか用意されていました。「イベント」、「コミュニティ」、「情報発信」などです。区役所の会議室にテーブルの島がつくられ、それぞれの島にグループの看板が立てられていました。受講生は自分が一番興味があるグループのテーマに集まります。私は図書館で落語会などのイベントをすることに興味があったので、迷わずイベントに参加しました。イベントは後に、「イベント・展示」グループとなり、一番人数が多いグループとなりました。２番目に大きいグループは「コミュニティ」です。人と人とを図書館でつなぐことを目的としたグループで、女性が多かったです。「情報発信」は図書館のデジタルアーカイブや、インターネットを使った情報発信など、デジタル技術をつかった活動を目的とするグループです。こちらはそれなりのＩＴの知識と技術が必要なので、ＩＴ関連業界に所属している男性４、５人のグループとなりました。

グループごとにグループのリーダー、サブリーダーが決まり、グループ単位の運営と、リーダーが集まるリーダー会の運営が始まりました。ただし、リーダーと言っても権限や決定権を持っているわけではなく、単にグループのまとめ役であり、リーダー会も何のために集まるかが明確ではなかったため、マネジメントの所在もはっきりせず、なにも決まらないまま、時間が過ぎていきました。

各グループでは、イベントやアイデアの企画のとりまとめやブラッシュアップをしていく方針で進めていましたが、各自の企画を発表するだけで、お互いに企画のブラッシュアップをするまでには至りませんでした。この時点では新図書館の情報もなく、図書館のどの場所でどんな設備を使って行えるのかもわからないので無理もなかったと思います。

気軽に話せるような場づくりができるファシリテーターがいなかったことも、グループワークがスムーズに行われなかった原因です。このときには気づけなかったことですが、自由発想的なアイデア出しやポジティブな意見交換をするためには「場づくり」を行うファシリテーターが必要だと後に痛切に感じました。

そのうち、自分の企画がうまく書けず、ミーティングにも提出せず、直接図書館員へ企画の質問をするメンバーが現れ出しました。図書館としては当初、新図書館での企画の可否については相談に来てくださいと説明がありましたが、具体性がなく、実現性に乏しい企画の相談は職員にとっては負担が大きかったと思います。行き当たりばったり的な講座運営がもたらした結果であり、図書館の責任の一端ですが、リーダーに対して職員から「なんとかならないか」との声が聞こえてきました。講座受講者と図書館員の間で、だんだんと嫌なムードが漂い出しました。

居心地のいいサークル活動

7月に終わった講座から1ヶ月間、3部会に分かれての活動を試みましたが、企画をどう進めていいのかわからないなかで、うまく進捗しませんでした。グループマネジメントがうまく行かなかった原因の一つは、リーダーに権限がなかったことです。それぞれのグループでの明確なビジョンを提示できなかったことで、方向性が決まらなかったことも大きな要因だと思います。

グループ分けからの活動は、仲良しグループのためのサークル活動になってしまいました。その頃は各グループで企画会議や打ち合わせなどを行っていました。ミーティング後の飲み会をセットすることが多く、特に女性が多いグループでは、パートナーズのミッションそのものより、本好き仲間、図書館好き仲間の親睦会的な集まりになっていました。後に考えてみると、この時点での仲良しグループ形成が、行政との協働で自主的に活動するボランティア団体の形成を阻害したと思います。

居心地のいいサークル活動と、自主的に企画立案し責任をもって実施するボランティアでは、前者の方が楽しい人が多いかもしれません。ある女性のメンバーに私が「ボランティアも自分の活動には責任がある、仕事と一緒だ」と言うと、「会社と一緒だなんていやだ！」と言われました。私としては、「ボランティアだから無責任でいいわけではなく、行政や参加者に対して責任を持たなければならない。それは有償か無償に関係なく信頼として責任を持って臨まなければならない」という意味でした。彼女にとっては、日常の仕事で責任を負わされることが嫌なのに、なぜボランティアで責任を持たなければいけないのかが理解できなかったのでしょう。

確かに、排架や本の修理など言われたことだけをするボランティアなら、責任は職員にあるので、ボランティアは自分の仕事を楽しめばいいでしょう。しかし、自由に企画実施できるボランティアについては、職員もリスクを背負う訳ですから、当然ボランティアには自分の企画に対する責任があります。ただし、やりたくなければ、企画しなければ良いのです。ボランティアは義務ではありません。自分の好きなことを自由にやらせてもらえることで、その責任が生じるだけのことです。グループのメンバー間で少しずつ乖離《かいり》が生まれてきたのは、「責任を負って好きなことをする」、を受け入れるかどうかの問題だったのです。

デジタルスキル格差

ボランティア活動を運営するために必要となる事務処理を誰が負担するのか。それは大きな問題です。メンバーが数十人いる場合は連絡するだけでも大変な作業になります。現在では、グループワークのためのツールが無料で公開されており、これらを使うことで組織運営の負担がかなり軽減されます。

グループ内の連絡にはメーリングリストが簡単でわかりやすいと思います。もっとリアルタイムでのコミュニケーションであればＬＩＮＥやメッセンジャーなどがよいでしょう。

企画書などの資料はワードやエクセルなどの電子文書で作成し、メーリングリストでやりとりできるようにします。議事録など保存が必要な文書は、Dropbox や Google ドライブなど Web 上の文書管理サイトを使いグループ内で共有できるようにします。このような Web 上でのツールを活用すれば、紙媒体を扱うような物理的制約から解放され、初期設定さえ行えば特定の誰かが作業負担することなく、活動に必要な事務処理を行うことができます。しかし、このような電子ツールを使いこなすには、普段パソコンを使わない人にとっては難しいことです。実際にメンバーの中には、メールアドレスを持っていない人が何人かいました。

初期のパートナーズの会議で組織運営について議論となりました。運営の負担を減らすために「メールアドレスを必須にする」という意見と、「メールアドレスが無い人も救済すべき」という意見がありました。では、現実的に誰が電話連絡係を担うのかとの問いかけには、後者の意見の人も黙ってしまいました。

ボランティア活動の運営については、できる限り各自の負担が少なくなるようにしなければ、継続は難しいです。少し厳しい言い方かもしれませんが、ボランティア活動においては全員が少しでも努力して、協力することが必要です。できないから、やったことがないからと言って誰かにおんぶされると、メンバーの負担のバランスが取れなくなってしまいます。誰かが頑張れば良いではなく、全員が少しでも努力して、継続可能な運営を目指すことが肝心です。

養成講座のメンバーはそのような制約がなく集められたので、メールアドレスを持っていない人のために、全体会議の議事録を図書館のカウンター内部に置いてもらい、図書館に来れば閲覧できるようにしました。今月決定したことや、次月以降の予定を知ることができます。もちろん、緊急の場合は電話で連絡をします。原則とは別に、実運営は臨機応変に対応していくことも必要です。

現在では、ガイドラインに「メールアドレスを有すること」と明記されています。

図書館員の苦悩

企画発表会

プロジェクト・リーダー養成講座が中盤に差し掛かり、アイデア出しワークショップも一旦終了すると、各自が企画書を作成することになります。そして、全員で図書館長に対して企画発表を行います。

この発表会では、各自一つ以上の企画を発表しますが、それらが全部図書館で実施可能なのか、その中のいくつかだけが実施になるのかは決まっていませんでした。業を煮やしたメンバーの一人が館長を問い詰め、メンバーの全ての企画が実施されるように確約を取りました。それにより、企画発表へのモチベーションがあがったようです。しかしながら、発表された企画のなかには、とてもそのままでは図書館で実施できないものや、具体的なやり方まで考慮されていないものなど、まだまだ詰めなければならない企画が多くありました。メンバー同士で企画内容について議論し、実施するために必要な準備などを検討できればよかったのですが、当時は各個人での企画立案作業しかできていない状態でした。

個々の企画については、担当の図書館員がフォローすることになっていましたが、特定の図書館員への相談が増えてしまい、図書館員の負担が増えてきました。それらの相談の問題点は、企画自体が全く具体化されていないことと、企画者が細部まで考えていないこと。言い換えれば、アイデアだけ出せば、あとは誰かがなんとかしてくれるだろうという考え方を持っている人たちが原因だったのです。

図書館への依存度が高く、自立したボランティアとして行動できない人たちが目立ち始めました。

アイデアを具体化できない

墨田区では、ある地域プラザの建設構想に、地元市民のアイデアを盛り込もうと企画を募ったことがありました。料理教室ができるキッチンや、陶芸ができる工作室など市民の希望通りにつくられましたが、実際運営するにあたって、誰が料理教室をやるのか、陶芸の先生は来てくれるのかなど企画実施に携わる人はだれもおらず、施設はしばらく放置された状態で税金の無駄遣いになっていました。夢だけ語って、あとはなにもしない。めんどうくさいことが嫌なのか、やる気はあってもどうしたら良いのかわからないのか、このようなタイプの人はどこのコミュニティにもいるものです。

図書館への依存度が高いメンバーには、まずは図書館に頼らずパートナーズの各グループのメンバーに相談してほしいのですが、彼らは、同等の立場にあるメンバーには弱みを見せたくなかったのか、一度も企画書を見せてもらったことはありませんでした。同じ立場であったメンバーから注意や意見を言われることで、自尊心を傷つけられると感じる人たちは、グループのなかで閉鎖的になっていきます。

負担が増える図書館員

このような人たちの企画書は、実施する場合の図書館員の負担を考慮されていません。図書館員は新図書館の開設、引っ越しで目がまわるような忙しさでした。その上、「プロジェクト・リーダー養成講座」の運営があり、想定外の不安を強いられることになったのです。講座開始の時点では「協働」の意識は希薄で、行政、区民ともによく理解していなかったように思います。特に行政としては、区民をコントロール（管理）するのが普通の感覚です。区民と対等でなにかをすることはリスクであって避けるべきことと考えられます。区民としては、通常は行政のサービスを受ける側の意識が強いでしょう。自分たちが主体的に動くのではなく行政がお膳立てする上でサービスを享受する感覚を持つ人がいてもおかしくないのです。

しかしながら、プロジェクト・リーダーとは、今まで誰もやったことがないことを成し遂げるリーダーであると私は認識していましたので、今までのやり方ではない、区民と行政のお互いの相互依存、お互いに補完しあうことで、新たな図書館サービスを生み出すことに意義があると考え、そのようにメンバーに力説しましたが、なかなか理解はされませんでした。

むしろ、なぜパートナーズが行政のために働かなければならないのかと意見を言う高齢者や、できるだけ面倒くさいことはしたくない主婦、やる気はあるが何をしていいのかわからない女性、自分のやりたいことに猪突猛進で周りが見えないリタイア男性などが存在し、なかなか一丸となって協働を行うことは難しい状態でした。

たとえば、子ども対象の「こどもとしょしつ」を利用した工作企画については、誰が小学校と連携するのか、しないなら集客はどうするのか、工作の指導は誰がするのか、などほとんど決まっていない内容だったようです。担当図書館員が相談されたときに決まっていないことは図書館に丸投げの無責任な内容だったので、丁寧に再考をお願いしたところ、逆ギレ状態になり、企画者が何度も図書館に電話をし、迷惑をかける事態になりました。

図書館見学ツアーを企画した女性がいました。新しい図書館を区民に紹介する企画で、一見図書館にも区民にもメリットがある企画に思えました。思えたというのは、我々は直接彼女から企画内容の説明を受けていなかったからです。パートナーズ内部で企画の承認を受けずに直接図書館員に相談に行き、アドバイスを受けようとしたようです。図書館見学ツアーはボランティアだけでは実施できません。図書館員の引率が必要です。障害者向けツアーも盛り込んでいたため、障害者の安全確保など考慮すべきことが多く、簡単には実施できない内容でした。そのようなことを図書館員が彼女に伝えたところ、先の女性と同様に電話攻撃で迷惑をかけてしまったようです。我々はあとから図書館から、「業務に支障をきたしている」とのクレームを聞き、パートナーズ内部で処理しなければならない事態となりました。

協働を理解している職員とボランティア

ひきふね図書館パートナーズには代表者はいませんが、コアで全体を把握し、図書館と緊密に連絡をとるメンバーが何人かいます。この人たちによって、ひきふね図書館パートナーズ活動の信頼性が保たれていました。コア・メンバーは誰に決められたわけでなく、協働を理解している図書館員とメンバーによって自然発生的にできたつながりでした。このつながりによって、年間60イベントの活動実績が生み出されたのです。

図書館と対立関係にあったメンバーの中には、コア・メンバーが図書館にエコ贔屓《ひいき》されていると言う人もいました。でも、どうでしょうか。図書館と信頼関係を構築せず対立関係にある人と、図書館の利益を考えて行動する人とでは、図書館はどちらの人と手を組みたいでしょうか。私なら、自分を信頼してくれてお互いにWin-Win関係を築いてくれる人と一緒に仕事がしたいです。

「顧客」は誰か？

ボランティアに対する考え方の違い

人間が何人か集まれば、必ず派閥ができることは誰にでも経験があるでしょう。特に営利目的でないボランティアグループは、お互いの主義主張が折り合わず派閥闘争に至るケースも多いようです。

養成講座では、当初の公募では図書館が明確なビジョンを持っていなかったゆえに、良くも悪くも様々な思いを持った人が集まりました。図書館で何がしたいか、どんな活動をしたいかなど自由に語り合うところからスタートが切られました。最初はふわっとした夢を語るところから始まり、それは一番楽しい時期だったかもしれません。パートナーズの活動を具体的にどうするか、今後の運営方針などの検討が必要になってくると、徐々にメンバー内で違和感が生じてきました。烏合の衆で集まったメンバーですが、大きく二つのグループが存在していたようです。そのグループの理念の違いは次のようでした。

・ふわっと楽しくやりたいボランティア
「図書館で利用者のためのイベントを開催する」

・新しいプロジェクトを担うボランティア
「図書館で地域コミュニティを創り、問題解決の場とする」

この理念の違いが、二極化からボランティア組織の崩壊へつながっていきました。「ふわっと楽しくボランティアをやりたい」は間違いではないです。自分の空いた時間を使って、自分が楽しめることをするのがボランティアです。ただし、そこには他者や地域のニーズがあることが必要です。何か人の役に立つことをやりたいという思いから、ボランティアを始める人は多いと思います。パートナーズのなかのこのタイプの人たちは、夢やイメージはありましたが、現実的な問題に直面すると考えることをやめてしまいました。

パートナーズとフレンズ

組織化の議論のなかで、「ふわっと派」と「新プロジェクト派」の問題を解決すべく、「パートナーズ」と「フレンズ」の組織に分ける意見がありました。「パートナーズ」は当初の目的である協働によって企画立案し、イベントを実施します。「フレンズ」は企画立案をすることはなく、お茶会など図書館での気軽な活動やイベントのお手伝いをします。「フレンズ」で良いと言う人は1名だけでした。

このとき、ボランティアにも既得権があることを初めて知らされました。図書館で自由に自己実現できる権利を誰も手放したくはなかったのです。企画を立てずにどのように図書館との協働によるボランティア活動をしていくのか、私には理解できませんでした。

「裏方でいい」「お手伝いしたい、なんでも言ってください」と言う人もいます。本人はイベントを手伝うので助けになるだろうと思っていますが、実は迷惑です。自分で仕事を見つけない人たちの面倒を見ることは負担になります。その人のために仕事を探さなければならないからです。それが分かっている人は、自分でやるべき事を探して動いてくれます。ボランティアのためのボランティアは無意味な仕事です。

「お客様は図書館」と「お客様は自分たち」

二極化するなかで、誰のためのサービスかの議論もありました。パートナーズの今後の活動の議論のなかで、私が「図書館がお客様である」とメンバーに話すと、ものすごい反感を買いました。マネジメントの世界的な権威である、ドラッカー博士の言葉に、「顧客は誰か？」があります。これは真のサービスとは何かを考える問いです。その考えのもと、「図書館のできないことをパートナーズがすることに意義がある」と主張しました。図書館にできないことをパートナーズが行えば、それが図書館利用者や地域への貢献になるはずです。

反対派の意見は「我々ができないことを図書館がやる」でした。それではパートナーズの存在意義がありません。ボランティアが楽をするために図書館の仕事が増えることは協働ではありません。旧来のボランティアの図書館との主従の関係から脱却できない人たちにとっては、「顧客」に対する理解が難しかったようです。

合意形成にはファシリテーションが必要だった

「図書館でボランティアをする」という、共通目的だけで集まった人たちを結束させて継続的に活動させることは、並大抵ではありません。組織の在り方や企画の進め方も全員の合意を得て、進めなければなりません。ただ闇雲に全員で会議を行っても、なかなか合意形成はできません。合意形成するにも作法があります。そのための場づくりが必要です。このような、合意形成やアイデア発想、対話などの場づくりを行う人を、ファシリテーターやワークショップデザイナーと言います。ワークショップデザイナーは依頼に応じてワークショップのプログラムを作成します。ファシリテーターはワークショップの現場で場づくりと進行を担います。ワークショップではワークショップデザイナーがファシリテーションを行う場合が多いです。

会議などで物事を決める場合、その場で決まったとしても後から蒸し返したり、同じ議論になったりする場合が多々あります。議事録をつくって、決まったことは決まったことだと突っぱねることもできますが、なぜ、そのようなことがおこるのか考えると、やはり全員が納得して決めていないからです。

そのとき会議でうまく反論できなくても、納得できないことには賛成できない。まして、ボランティアですから、やりたくないことはしたくないわけです。時間がかかっても全員が納得できる、「納得解」を得ることが肝心です。「納得解」とは唯一の正解ではなく、他者の価値観に寄りそい、意見を出し合い、お互いに納得できる合意を得ることです。ただし、これは、多くても15〜16人でないと難しいです。40人を超える集団では、全員が納得できる解を得るためにはとても時間がかかってしまいます。

活動するチームの規模も大事です。ファシリテーター一人の目の行き届く範囲も16人程度です。ピザ２枚の法則*を覚えておきましょう。このような理由から、ボランティアの活動を始める場合、小さく始めることをおすすめします。活動が順調になり、イベントの開催が頻繁になってきたら、メンバーを３〜４名程度増やしていきましょう。

＊アマゾンのＣＥＯジェフ・ベゾスの法則「ピザ２枚でお腹がいっぱいになれる人数でなければ、チームが大きすぎる」

図書館がギブアップ!?

2012年3月31日(日)に区長、区議会議員、教育委員会関係者、近隣町会、既存ボランティア団体が列席し、トリフォニーホール・ジュニア・オーケストラのファンファーレのもと華々しく開館セレモニーが行われました。テープカットのあと式典があり、一般参加者の図書館見学会が行われました。図書の閲覧や貸出は翌4月1日からの開始でした。

図書館のギブアップ

オーニング・イベントを進めるなか、水面下ではプロジェクト・リーダー担当の図書館員と私を含む3人の非公式運営事務局が今後の活動について協議していました。

プロジェクト・リーダー担当の職員からは、「図書館として現状の体制では、次年度以降は人的負担をかけられない。そのなかで、プロジェクト・リーダーがかなり重荷になってきた。単に楽しいからとか、自分の自己実現だけしか考えていない人とは一緒にやっていけない。不平不満ばかりいう人、やる気があるのかないのかわからない人に振り回されたくない」

との趣旨で非公式運営事務局にメールが来ました。

プロジェクト・リーダーとして公募で条件なしに集めておいて、思い通りの仕事をしないボランティアを「お前らポンコツだからもういらない」でお払い箱にするのは無責任です。しかし、ボランティアが図書館に迷惑をかけているのも事実であり、明らかに税金の無駄遣いです。図書館でできるような企画をわざわざ手間ひまかけて、ボランティア様にやっていただくことに意味はありません。

非公式運営事務局は、これを図書館からの最終警告ととらえ、全メンバーに新図書館オープニングの３月31日でプロジェクト・リーダー養成講座が終了し、４月以降は「ひきふね図書館パートナーズ」として自主運営し図書館と協働で事業を行うことを通知しました。

解散と再生

プロジェクト・リーダー養成講座の終了後は、「ひきふね図書館パートナーズ」として自主運営を行い、今までのような図書館の手厚いサポートはないことを理解してもらい、納得できる人だけが残って活動を続けることを４月の全体会議で発表しました。最初に40人いたメンバーで、企画の内容はともかく活動に参加している人は約半分になっていました。その他は幽霊部員の状態で、4月の時点で一旦解散し、次回全体会議に参加したメンバーで「ひきふね図書館パートナーズ」を再構成することにしました。

全体会議では途中参加の人も含め19人が参加表明し、「ひきふね図書館パートナーズ」が再生しました。しばらく放置されていた組織化については、組織化を望まない声が多く、運営事務局や代表を置かずそのまま運営することで、現在に至っています。館長の人事異動などにより、ひきふね図書館パートナーズの存続が危ぶまれるようなことを懸念し、NPO法人などの法人化についても議論しましたが、ひきふね図書館では任意団体の位置づけで問題なく活動できています。

ボランティア・モンスター

モンスター化するボランティア

解散の「ふるい」によって、少なからず協働を意識したメンバーが選別されたはずですが、それほど甘くはありませんでした。活動初年度は図書館イベントを開催してみて初めてわかる、びっくりするような問題が噴出しました。

ボランティア・モンスターとは、ボランティア活動に取り組むが、過度な要求を行い、支援対象や周りの人に迷惑をかけてしまう人のことです。モンスター化したボランティアに自分がモンスターだという自覚はありません。むしろ図書館のためになることをやってあげている、との思いを持っています。行政との対等な立場を意識すれば、図書館員に時間を使わせることや、企画書に書いていなかった準備作業をさせることにはなりません。たちが悪いのは、本人たちに悪気はないことです。モンスター化のパターンとしては、良かれと思って善意でやっているケース、自分のできない部分は図書館側の仕事だと認識しているケース、などがあります。

ここではボランティア活動で生息するモンスターたちを分類してみました。私が出会った、ボランティア・モンスターたち。あなたの身近にもいるのでは？

１　ワシエライ・モンスター

高齢者男性です。仕事では一般企業の役員などの高い地位にいる。ボランティア経験はほとんどなく、会社人間です。会社のなかでは尊重されているので、ボランティア団体でも同じように尊重されると思っている。会議で意見を述べずに、文書化して図書館に提出する面倒くさい傾向がある。もちろん、ボランティアのなかでは会社での地位や上下関係などは関係ないので、自分の意見が通らない場合に内心イラつくが、その場ではおとなしく大人の対応をする。時間が経ってから怒りがふくらみ、メーリングリストなどで個人の人格攻撃に走り、コミュニティ内での信用をなくし結局は自滅する。

2　サシアゲ・モンスター

高齢者女性です。主婦などでサークル活動のリーダー的存在。自発的に動くが、自分本位。やってさしあげているのだから、と相手にも負担を強要するが自覚はなし。完璧主義な側面もあり、イベントなどの準備で細かすぎる指示や注文に担当職員が病気になったこともある。本人には悪気はないが、行政側としては一番扱いにくくやっかい。企画立案時点で企画内容について批判されたくないので、内容を隠そうとする。準備段階で企画書になかった作業が増えて問題になる。企画書にないことは実施できないことを徹底することが対策の一つ。

3　ジコアイ・モンスター

30代女性独身、契約社員、自分探し中。今働いている職業には満足しておらず、図書館ボランティア活動に自分の居場所を求める。図書館好き、本好き仲間とのまったりしたサークル活動を想像していたが、ビジネススキルを求められるプロジェクト・リーダー活動についていけず、図書館員への依存度が高まりモンスター化する。職員からアドバイスをもらうが、企画を夢から実現可能な具体案にすることができず、逆ギレ状態になる。本人にモンスター化の自覚はない。

パートナーズ組織化について、行政との協働作業に必要なビジネス的運営を嫌い、組織化を潰そうとするが失敗し退会に至る。

4　ウラバンチョウ・モンスター

30代女性既婚子ども無し、自営業。ひきふね図書館パートナーズ企画において「市民大学」構想を企画する。英語多読や、地域学習などメンバー内で担当者を募り準備をする。反面、担当の図書館員とは対立関係にあり、その理由は自分が図書館から丁寧に扱われていないとのこと。図書館からの企画のダメだしを逆恨みしたと思われる。会議などでは発言せずに、ひきふね図書館パートナーズ内で別途内輪のメーリングリストを立ち上げ、図書館批判を繰り広げる。

自分の企画したイベントの開催直前でいきなり退会し、残されたメンバーに大迷惑をかけるが、その後の謝罪はなし。ボランティアといえども、企画立案者には責任があることは当然である。

5　イワナイ・モンスター

50代女性、主婦。企画会議では一切意見を言わない。事案決定後、一部のメンバーにプライベートの場で自分は反対だったと告げ、本人がいない次の会議で、他のメンバーから伝えてもらう。

ＰＴＡなどでよくあるケースで、「その場では言えない人がかわいそう」などと言う人もいて、議論の蒸し返しが起こる場合がある。モンスター防止策として、ひきふね図書館パートナーズでは議事録をしっかり残すことで、決定事項を覆すことがないようにした。議論の蒸し返しは全くの時間の無駄である。筆者は小学校のＰＴＡ役員時代に、このタイプのモンスターに何度も泣かされた。

このようなモンスターたちは、自滅的に退会していった人もいれば、現在も会員として活動している人もいます。活動している人は、もう問題を起こさないかというと、そんなことはなく、同じような問題を繰り返し起こします。その度に企画会議で企画のチェックの仕方や、連絡体制について改善を行ってきたので、周りへの被害はマシになってきました。しかしながら、他のメンバーの見えないところで図書館に迷惑をかけている場合があるので、職員からのクレームがあれば、館長からホットラインで連絡をもらうようにしています。

具体的には、企画担当者の正副２人体制を徹底しました。これにより、図書館とのやりとりは、副担当者がチェックできるようにしています。

そもそも、企画担当２人体制は、自分の企画開催直前で無責任にやめていった人がいたための対応でした。企画者がイベント開催直前で体調を崩すことも想定されるため、バックアップとして企画進行できる人をもうひとり準備しておく、リスク回避が目的です。問題を起こしそうな人から情報を共有できる体制にしておく意味もあります。

人は変えられないが仕組みは変えられる

ひきふね図書館パートナーズの活動は７年目に入り、数々の問題を乗り越え、新メンバーを迎えながら成長しています。この章ではボランティアでのトラブル・メーカーについて紹介しました。ボランティア活動をしている人であれば、あるあるの事例かもしれません。根本的には人間関係の問題です。お互い納得できるよう話し合えば解決できる問題がほとんどです。しかしながら、人を変えることはできません。自分が変わらなければならないと先人達は言いますが、まだまだ私も修行が足りません。

ひきふね図書館パートナーズは、問題が起きない仕組みを考え、協働のためのガイドラインをつくりました。図書館への迷惑行為についても退会の対象になることを明文化しています。ガイドラインがあることで、世代交代でメンバーや図書館員が代わっても持続的かつ安全に活動することができます。

【コラム】「卒業論文」

横浜国立大学の学生さんが卒業論文のテーマに公共図書館における市民ボランティアについて取り上げられ、ひきふね図書館パートナーズも研究の対象としてインタビューを受けました。

聞き取り調査は、関東圏にある6団体です。活動内容や図書館と団体の関わり方などが調査内容です。

考察では、公共図書館と市民ボランティアが継続的な協働を図るためには、以下の5つが重要であるとのことです。

①事前に養成講座等の方針を説明し、納得してもらう機会を設けること
②ボランティアが要求型にならないこと
③協働を進める上でルールを文章の形で明確化すること
④団体の運営を共同で行うようにすること
⑤活動の場に図書館員が出席し、主体的に参加すること

「協働」は今、図書館界でも大きなテーマになっています。ひきふね図書館パートナーズが協働のモデルとして活動していけるよう、前記の5つができているか見直しながら進んで行きたいと思います。

第6章

地元地域から
全国展開へ

「図書館パートナーズ」の広がり

外部団体とのつながり

ひきふね図書館パートナーズの活動は図書館の中だけではなく、外で活動することが他の図書館ボランティアにはない特徴です。図書館内で初めて導入された「まちライブラリー」などの関わりから、他の図書館の方と知り合うようになり、図書館関係者の知り合いがどんどん増えていきました。そのなかでも、当時「シャンティ国際ボランティア会」におられた鎌倉幸子さんが主催する「図書館を愛してやまない人協会」、通称「愛人協会」（笑）に参加して、図書館業界だけではなく、出版社の方とも知り合うことができました。この会では自分たちの活動報告をプレゼンテーションできたので、みなさんにひきふね図書館パートナーズの活動を知ってもらうきっかけになりました。

文部科学省の神代浩《かみよひろし》さんが主催する「図書館海援隊」の全国大会では、全国から集まってきた図書館関係者と交流ができました。一番印象的だったのは山口市立中央図書館の方が、図書館を盛り上げるために、図書館パートナーズのような存在が必要だと熱く語っていたことです。その後、山口市立中央図書館とはお互いのイベントの広報をお互いにシェアをして、双方応援するような関係を続けていました。

図書館で開催する読書会の参加者から、「リード・フォー・アクション読書会」のファシリテーターの方を紹介していただいたのも、我々の活動に大きな影響を与えました。「リード・フォー・アクション読書会」はその場で読む、その場で学ぶ、ワークショップ型の読書会です。それまでは従来の読書会のやり方、本を読んでから読書会でその感想を話すというやり方をしていました。当日、本が読めなかった参加者から「読めないので参加できません」と言われることが悩みでした。

読んで来なくてもその場で読む読書会は、敷居が低く参加しやすいので、その場で本を選んで読める図書館で行う読書会としてはとても有効です。最初はファシリテーターに来ていただいて読書会を開催しましたが、パートナーズメンバー２人が、リーディング・ファシリテーターの認定資格を取り、自分たちで開催できるようになりました。リーディング・ファシリテーターは全国に３４０人ほどいます。もちろん本好きの方ばかりなので、このコミュニティに入っていることも活動する上での影響が大きかったです。

墨田区だけの活動は不公平

活動のなかで様々な方にひきふね図書館パートナーズを知ってもらうようになり、「あなたたちの活動は素晴らしいが、墨田区だけで活動しているのは不公平」との多少理不尽なご意見をいただきました。しかしながら、的を射た意見であり、図書館パートナーズは墨田区だけではなく他の自治体の図書館でも同じような活動が行われれば、自治体と市民の協働によるまちづくりにも良い影響を与えると考えました。

ただし、「墨田区ひきふね図書館パートナーズ」はやはり墨田区立ひきふね図書館を拠点とし、墨田区の税収で活動しているため、そのまま他地区で活動するのは問題があります。そこでひきふね図書館パートナーズの中の有志が集まり、「ひきふね」を取って『図書館パートナーズ』を並行して立ち上げました。『図書館パートナーズ』は図書館の活性化をミッションとし、全国の公共図書館、学校図書館、大学図書館などを対象にボランティア養成講座や研修などを行う個人事業として活動しています。（以下、個人事業の図書館パートナーズは、『　』付きで表わします。）

ひきふね図書館パートナーズの活動はＳＮＳや新聞などのメディアにも紹介され、図書館総合展や全国図書館大会での広報活動によって図書館界では広く知られる存在になりました。

他自治体からの視察なども増え、自館にも協働型図書館ボランティアを創設したいとのご要望を受けるようになりました。そのなかで、現在活動中の図書館パートナーズをご紹介いたします。

桐蔭学園図書館パートナー

図書館パートナーズの全国展開の第一歩として、我々にお声がけしてくださったのは桐蔭横浜大学の大学図書館長の宮津大蔵先生でした。宮津先生はひきふね図書館で行われた情報リテラシーの講座に参加されており、そこで見たひきふね図書館パートナーズの活動が大学図書館にとって必要だと感じられたそうです。

公共図書館と同様に大学図書館も予算が削られていくなかで、その付加価値を高めないと存続が難しいと考えられていたそうです。そこで自治体と区民が協働して活動している図書館パートナーズを大学に導入し、大学図書館員と学生と地域住民の協働による活動を計画されました。『図書館パートナーズ』のメンバーが大学にうかがい養成講座を開催し、ひきふね図書館パートナーズの活動の紹介やイベントのアイデア出しなどのワークショップを行いました。

養成講座では、学生さんたちはやはり元気が良く、面白いアイデアが次々に出てきました。地域住民の方も様々なスキルを持っておられ、素敵なアイデアが多数生まれました。2016年に発足し、2017年には学生さんの企画した講演会や教員を目指す学生のための「学級びらき講座」、地域住民の方が企画した読書会などが自主的に開催されたことは喜ばしいことです。

一般的には大学図書館でも学生ボランティアがいますが、図書館員のお手伝い的な仕事をする場合が多いのではないでしょうか。自分たちが発案したアイデアを企画し、イベントとして開催することで多くのお客さんを喜ばせることは、学生にとっても大きな励みになると思います。地域住民の方は「桐蔭学園図書館パートナー」のメンバーであることで、大学図書館を利用できる魅力的なメリットがあります。うらやましいですね。

しき図書館パートナーズ

埼玉県の志木市では柳瀬川図書館のリニューアルに伴い、図書館パートナーズを設立することを決めました。前年度に図書館協議会の方が、ひきふね図書館に視察に来られ、図書館パートナーズの設立を図書館に強く申し入れていただいたようです。

２０１８年１月に志木市にて３回連続の「図書館パートナーズ養成講座」を行いました。高齢者の方から20代、30代の方もおられ、15名ほど参加していただき、全員がしき図書館パートナーズのメンバーとして登録されました。参加された方の中にはワークショップが初めての方もおられ、戸惑いがあるようでしたが、途中からは和気あいあいとみなさんと楽しく学ぶことができました。講座が終了してすぐに6月のリニューアルオープン記念イベントについての打ち合わせが始まり、メーリングリストも整備され、順調に活動されています。

２０１８年12月に、活動1周年の懇親会におじゃまして活動の様子をうかがいました。企画を立てて実施した人もいれば、これから企画を実施する人もいます。

しき図書館パートナーズのメンバーから、次のような感想をいただきました。

「最初のイベントを行うのは集客できるかどうか怖い」

イベントの集客は気になるところですが、まず仲間内2、3人のミニセミナーから初めると良いでしょう。

「自分の知っていることは他人にとって有効な情報だと知った」

人は自分が知っていることは当たり前だと思っているので、なかなか気づかないことです。どんなことでも、テーマとして成り立ちます。

「館長はパートナーズ導入に腹をくくる必要がある」

これは真実ですね。市民による市民のための図書館をつくるためには図書館員の仕事が楽になるわけではありません。特に立ち上げ時は仕事が増える可能性があります。ただし、図書館パートナーズ活動が軌道にのれば効果絶大です。


以上、とても楽しく活動されているしき図書館パートナーズのみなさんでした。

しき図書館パートナーズ　Facebook
https://www.facebook.com/shikitoshopartners

せんとぴゅあ図書パートナーズとしょりん

２０１８年７月に誕生した北海道東川町の複合交流施設「せんとぴゅあⅡ」の図書館機能「ほんの森」にて、ひきふね図書館パートナーズの活動に共感された鈴木哉美さんが中心となり、「せんとぴゅあ図書パートナーズとしょりん」を立ち上げました。

２０１８年11月に「せんとぴゅあⅡ」にて「ライブラリー・ファシリテーター®認定講座」を開催しました。「せんとぴゅあ図書パートナーズとしょりん」のメンバーを含む10名の方が受講し、認定ライブラリー・ファシリテーターとなりました。現在、様々なイベントを企画運営し「みんなのせんとぴゅあづくり」を目指しています。

町民の力で「せんとぴゅあⅡ」を盛り上げる、情熱をもった東川町のみなさんの今後の活躍に期待します！

せんとぴゅあ図書パートナーズとしょりん Facebook
https://www.facebook.com/toshorin

【コラム】インタビュー③

佐藤　篤氏（墨田区議会議員）

◇普段、図書館はどのように使っていますか。

昔から図書館大好き人間で、子供のころは勉強したり、地図や鉄道の本を読むのが好きでした。今は主に仕事に使っています。ひきふね図書館に電話やメールでレファレンスサービスをお願いしています。非常に的確な資料を揃えてもらえます。議員はもっと使った方がいいと思っています。議員図書室もありますが、司書さんがいないのでレファレンス機能がありません。

◇図書館条例改正の経緯について教えてください。

2015年の「墨田区立図書館条例案」に対して修正案を提出しました。

原案は指定管理業者を入れるための条例改正でした。超党派で指定管理制度を調査すべく、武雄市と伊万里市の視察を行いました。都合により武雄市は行けませんでしたが、伊万里市民図書館では、ここまで図書館でできるのかと感動しました。囲碁や将棋ができる、歌声ルームがある（静かにしなくてもいい！）、本を読むだけでなく市民協働の活動の中心になっていることに驚きました。

修正案作成にあたっては、墨田区立図書館の「図書館条例第1条」はあまりにも無味乾燥であったため、伊万里市のように図書館の目的、現状行われていることをちゃんと書き込むことを考えました。その整理のなかで、図書館パートナーズの活動が取り上げられ、２０１４年のマイクロ・ライブラリー・アワード受賞も議会で評価され、図書館の行う事業として「図書館と協働する団体との連絡及び協力」が盛り込まれました。

◇今後の図書館パートナーズに期待することは？

図書館は本を置いて、はいどうぞではないです。むしろ、本や図書館が道具になって何ができるか、地域に対してどう貢献できるかを考えていただきたい。

墨田区の条例で図書館と区民の協働を謳っていることは日本唯一だと思います。通常であれば、館長の意思次第でボランティア活動が制限される場合がありますが、区民が図書館を拠点にした地域活動ができる根拠となっています。

「図書館は横串」です。色々な施策と掛け算できます。図書館 × 農業、図書館 × 地域産業、等々。図書館を拠点とした「協働」から「地域力」へ、人と人がつながり、地域の課題を積極的に解決していく力になればと期待します。

（参考）『日経グローカル』No.325 2017.10.2 p40-41「新・奮闘地方議員　チーム議会で自治法の限界に挑む　条例提案・危機管理できる体制へ　佐藤　篤」

第7章

ライブラリー・ファシリテーターとは？

ボランティアとしてのライブラリー・ファシリテーター

ライブラリー・ファシリテーターの誕生

2015年1月、ひきふね図書館パートナーズの活動も2年目を過ぎ、新メンバーの募集が課題になっていました。組織の新陳代謝を促進するには、新メンバーの入会が必須です。そのためには、新メンバーのための養成講座が必要です。「ライブラリー・ファシリテーター養成講座」はそのようなニーズから生まれてきました。

図書館が開催した「プロジェクト・リーダー養成講座」は、実際にはプロジェクト・リーダーを養成するものではありませんでした。そもそも、プロジェクト・リーダーとは何なのか。その定義すらありませんでした。図書館に明確な指針がなければ、受講者であるボランティアには何をすればいいのか理解できません。それがゆえに、個人ごとに考えている「ボランティア」のイメージが最後まで共有できなかったのです。

第1期メンバーが受講した「プロジェクト・リーダー養成講座」とは異なり、協働を理解し自立した図書館ボランティアになるための新しい講座をつくりたかったのです。「プロジェクト・リーダー」という名称もしっくりきていませんでした。図書館での活動において我々は誰かを先導するようなリーダーではない、むしろ図書館という場所と資料を使って、図書館を活性化する人たちであると思い立ち、「ライブラリー・ファシリテーター」という名称を着想しました。単なるボランティアではなく、図書館を促進・活性化する人とは、自画自賛ですが、素晴らしいネーミングだと自分でも興奮しました。「ライブラリー・ファシリテーター」とは、図書館の活性化や地域への貢献を実現するため、展示やイベントの企画、情報発信などを行うボランティアと定義づけました。

養成講座受講中の自分の考えとしては、プロジェクト・リーダーとは「今まで誰もしたことがないことにチャレンジする人」でした。会議で他のメンバーに力説しても、あまり共感を得ませんでした。おそらく、そんな大変そうなことには関わりたくないと思われたのでしょう。行政と区民が協働で図書館を活性化することは、図書館業界では初めての挑戦的なプロジェクトであったことは間違いないです。募集された当初に、それを全員に説得することはできませんでした。

ひきふね図書館パートナーズとして活動を開始しても、「プロジェクト・リーダー」という言葉に違和感がありました。リーダーとは、旗振り役でみんなを引っ張っていくイメージがあります。ひきふね図書館パートナーズはフラットな組織です。誰かがリーダーで活動方針を決めて、先頭に立って引っ張っていくような組織ではありません。企業や大人数のNPO法人では、そのようなやり方が必要だと思います。

個々のメンバーがやりたいことを主体的に行うことが、ひきふね図書館パートナーズのやり方です。全員が対等な立場ですから決議も全員で決めます。そのような活動をする人たちをどう呼ぶか。養成講座の準備のなかで、呼称の意味は大きいと考えました。

2015年5月から、養成講座を開催する予定を立て、2014年の年末からの正月休みを使い、養成講座のプランを練っていました。おおよその構成や、身につけてもらうスキルは何が含まれるかを考えながら、呼称についても考えを巡らせていました。ひきふね図書館パートナーズがやっていることを、もう一度よく思い出してみると、我々は図書館を活性化している、利用してもらえるよう促進していることに気づきました。

そして促進者である「ファシリテーター」であるべきだと思い至ったのです。図書館にいるファシリテーターだから、「ライブラリー・ファシリテーター」だ。この発想ができたときは、本当にうれしかったです。そして、あわててネットで調べてみると、誰も使っていません。講座名として使うことは大丈夫だとして、誰かに先を越されないか心配でした。この時点で商標として登録されていないことを特許庁のサイトで確認し、商標権を取得しました（登録番号5805904号）。これにより、「ライブラリー・ファシリテーター」は『図書館パートナーズ』だけが使えるようになりました。

２０１５年５月に第２期生募集のため「ライブラリー・ファシリテーター養成講座」を開催しました。ファシリテーター講座なので、座学だけではなく、ワークショップで学んでもらう内容です。最初は３時間枠の４回講座でした。後に改善して３回講座になっています。他の自治体や学校で行う場合は、それぞれにカスタマイズして行うようにしています。

図書館員向け講座の開設

館長研修依頼

２０１５年２月に図書館の運営管理業務を受託している企業から、館長研修の講師依頼を受けました。責任者の方がひきふね図書館パートナーズのイベントに参加されて、ぜひ活動内容を聞かせてほしいとの依頼でした。パートナーズの活動はボランティアであって、本職の図書館員にその内容を教えるとは考えてもいませんでした。

ちょうど構想していた、ライブラリー・ファシリテーター養成講座の内容をカスタマイズし、ワークショップで館長研修を行いました。当時としては、図書館員向けでワークショップ形式の研修はほとんどありませんでした。図書館長さんの中には困惑されている方もいましたが、図書館イベントのアイデア出しワークショップは盛り上がって、みなさん素晴らしいイベントのアイデアを持ち帰られました。

外部からひきふね図書館パートナーズの活動を評価していただき、自らの研修に取り入れていただいたことは、我々にとっての大きな自信となりました。図書館で行う読書会のワークショップと異なり、研修型ワークショップを体験できたことも大きな収穫です。読書会のワークショップでは、参加者がそれぞれの「問い」に対し納得するもよし、モヤモヤを持ち帰るのもよしで何かしらの気づきを得て満足していただきました。研修型ワークショップでは、依頼主が求める学びの結果を出すために、スキルを実践しそのまま現場で学びを活用できるプログラムを開発しました。

集客という意識

外部から依頼された研修で、図書館を活性化するためのノウハウは実は図書館員にこそ必

筆者のボランティア活動の変革

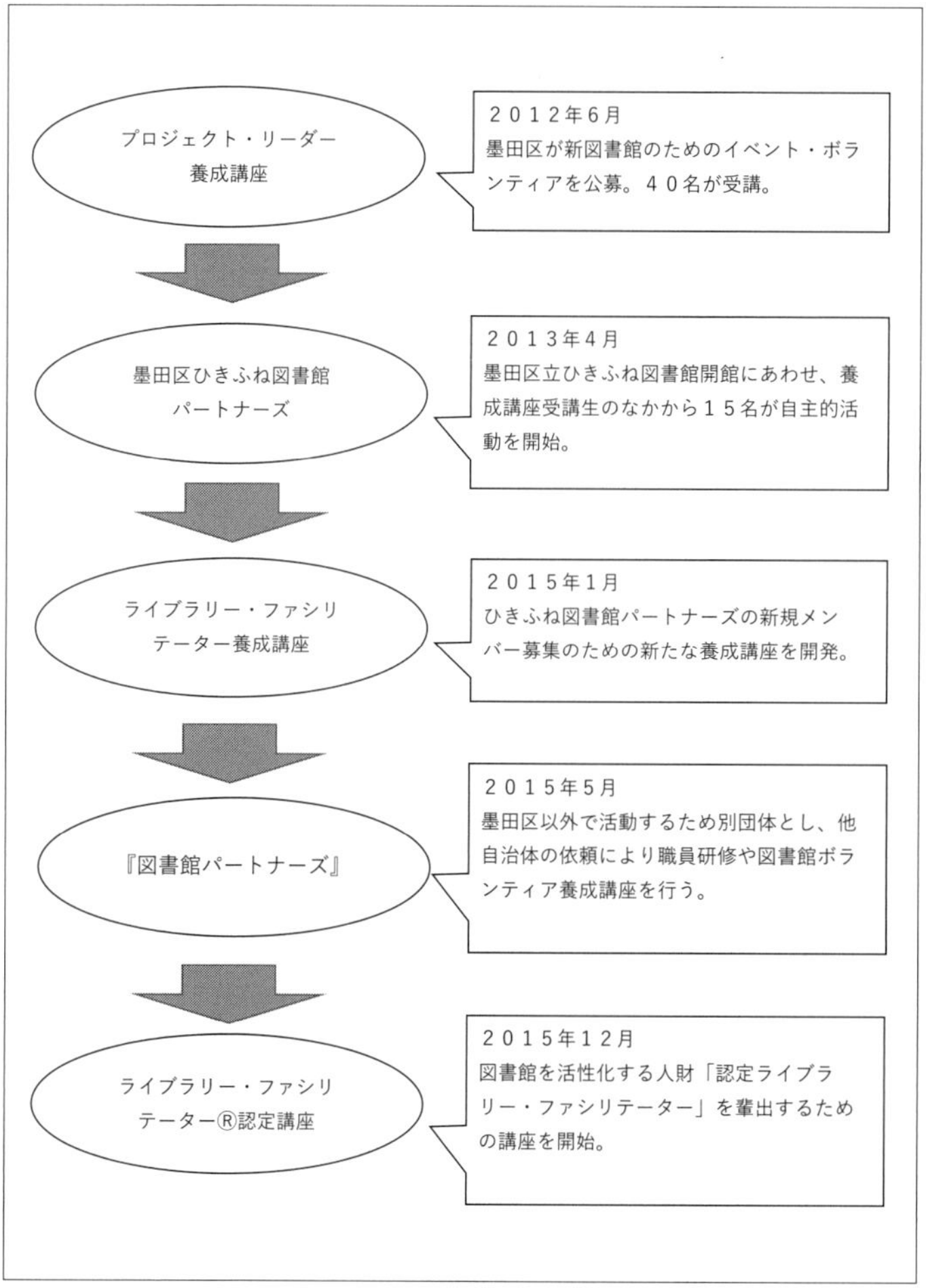

要であることに気づきました。図書館法では、読書活動の促進が謳われていますが、司書課程のなかでは、イベントの企画立案やファシリテーションについて学ぶ講座はありません。図書館においては、読書会や講演会は図書館の本来の職務ではないとの考えもあります。しかしながら、自治体のなかの図書館の扱いは近年悪化し、予算が削減されている傾向にあります。そのため正規職員が減らされ、非正規職員が増えています。『日本の図書館　統計と名簿』（日本図書館協会刊行）の公共図書館集計（２０１８年）では、公共図書館の全国の専任職員数が約1万人に対して、専任以外（委託・派遣等）は約3万人になっています。

図書館の重要度が軽視され、評価が低くなり、そこで働く人たちの待遇も悪化している状況です。２０１７年度の墨田区の例では、人口約26万人に対して図書館の利用登録者数は９・７万人です。登録者率は約37％です。約63％の人は図書館を使っていないことになります。地域で、あってもなくてもいいような施設は評価が下がる一方です。

図書館は地域にとって不要でしょうか？　むしろ地域のインフラとして必要な施設だと断言できます。知の拠点であり、情報発信の基盤であり、コミュニティづくりの場になりうる施設です。公共施設のなかで年齢に関係なく、誰でも気軽に入れる施設が図書館です。

どうして、現在のような状況になっているのでしょうか。一つは図書館に「集客」の概念がなかったためです。図書館で行われる催し物の案内も館内の展示に限られていては、図書館に来ている人にしか伝わりません。図書館に来ない人たちにどうやって伝えるかを考えなければなりません。とにかく図書館に来てもらう。来てもらわなければ、図書館の魅力に気づくこともありません。図書館に来てもらうために、本を読まない人たちも興味を持ってくれるイベントは大きな武器となります。

近年、このような危機感を持った図書館員たちが行動を起こし始めています。図書館で場づくりをし、コミュニティを形成できるようなスキルをもつ図書館員のニーズが高まっています。本来の図書館の役割である、蔵書の管理、資料の貸出やレファレンスサービスとあわせて新しい図書館の役割を見つけることが、図書館存続の手がかりとなるでしょう。

認定ライブラリー・ファシリテーターの誕生

ボランティア養成講座としてつくられた「ライブラリー・ファシリテーター養成講座」が、実は図書館員にとっての需要があることは、図書館の利用者であった我々には想像がつかないことでした。これは、後に気がついたことですが、図書館業界では一般的なビジネススキルが低い傾向がありました。ひきふね図書館パートナーズの活動のなかで、一般的なビジネススキルを持ち込んで活動の効率化を図りました。行政職員との協働のなかで、一般的ビジネスマンと行政職員との仕事の仕方の違いを身をもって知りました。

私がそれまで、行政の方と仕事をしたことがなかったため、ボランティアと行政との協働のなかで、一種のカルチャーショックを受けました。もちろん、しっかりとビジネス感覚を持った優秀な職員さんたちもいますが、公務員は基本的に「売上」、「営業」の概念から遠いお仕事だと感じました。

簡単にまとめると次のようなスキルに欠陥があるようです。(けっして悪意はありません)

・コミュニケーション力

自分の意見以外は聞かない。人の話が聞けない。上司の意見を考えずにそのまま鵜呑みにしてしまう。そのために齟齬《そご》が生まれ、周りが迷惑する。

・プレゼンテーション力

話が長い。結論を言わずに言い訳や説明から話し出す。要点を得ず結論が見えない。

・発想力

頭が固い。前例踏襲。既存のやり方にとらわれ新しい柔軟な発想が生まれない。できない理由をたくさん考える。

・デジタルスキル

メールが使いこなせない（ccを使わない）。メールで問合せたのに電話で回答するなど。

公務員でも特に、図書館員には右記のような傾向が多いと感じます。行政のなかでも図書館の地位は末端に置かれている場合があり、人材もそれなりの人があてがわれていると感じざるを得ません。ＴＶドラマの司書さんのイメージはどうでしょうか。控えめで、地味で、人見知りをするようなタイプが典型的ですね。実際にも人とコミュニケーションをしなくても良いので司書を目指す人もいます。「図書館に人がいないのが司書の最上の幸せ」というジョークがありますが、あながちウソとも言えません。たまに優秀で活発な司書さんに話を聞いてみると、前職は民間のビジネスパーソンである場合が多く、納得させられます。

そのような状況から脱却するため、「ライブラリー・ファシリテーター」の新しい働き方を提案し、図書館でつかえるビジネススキルを学べる講座として「認定ライブラリー・ファシリテーター講座」が誕生しました。2015年12月から8時間の講座を毎月1回開催しています。現在まで約150人の方に受講していただきました。図書館司書だけではなく、ファシリテーションを学びたい一般の会社員の方や恐れ多くも大学の先生にも受講していただいています。。

講座内容は、図書館員に不足しているビジネススキルを中心に、ファシリテーションスキルや経営指針、講座監修していただいた慶応義塾大学の糸賀雅児先生の指導のもとに図書館法ワークなどを、少人数のワークショップで学べるようになっています。学んだことをその場で実践し、職場に帰ればそのまま実践できる講座です。

ライブラリー・ファシリテーターたちの活動

認定ライブラリー・ファシリテーターたちは、本拠地で学びを実践し活躍しています。毎年開催される図書館総合展では、認定ライブラリー・ファシリテーターたちの実践報告会が行われています。その事例をご紹介します。

※発表者の所属は発表当時のものです。

第18回図書館総合展（２０１６年）　スピーカーズコーナー

▽『ライブラリー・ファシリテーターってなに？～活動事例紹介～』
ライブラリー・ファシリテーター認定講座を受講してくれた、認定ライブラリー・ファシリテーターの活動をご紹介します。

発表資料
https://yahoo.jp/box/_nDYFK

第19回図書館総合展（２０１７年）　スピーカーズコーナー

▽春日市立春日原小学校　高瀬良重さん

『名もなき非常勤学校司書の挑戦⁉　研究者への扉をあけ、学校図書館の意義を問う？』

なぜ授業で学校図書館が活用されないのか？　との疑問がめばえ、「学校図書館を活用したアクティブ・ラーニング型授業のデザインと実践」を研究テーマに熊本大学公開講座「インストラクショナルデザイン（ＩＤ）入門編」で学びました。

そして、「教員が図書館の使い方を知らないから、教わっていないから活用できない」という仮説をたて、学校図書館のコレクションと教育課程のカリキュラムをＩＤでつなぐ、「本の倉庫から知の宝庫へ」を実践するため大学院受験を決意しました。受験では初めての研究計画書で苦労しましたが見事合格し、現在ネット大学院にて夜な夜なＰＣの前でタスクや課題と格闘中です！

▽相模原市立図書館　遠藤恭代さん

『班内会議 mini 革命！』

図書館の会議の進行を良くしたいと思い、ファシリテーション力をつけるためライブラリー・ファシリテーター認定講座を受講しました。

その実践として、会議では班長がファシリテーターになり、全員が発言できる、他の職員のことを楽しく知ることができる場づくりを行いました。また、「課題解決シート」をつくり班内で課題解決のためのワークショップを行っています。そこから、「バースデーブックマーカー（1年分のその日が誕生日の作家と著書、その日の出来事や記念日等に関する本の紹介）」が生まれ、好評をいただいています。まだまだ課題もありますが、少しずつの日々の取り組みが大事だと思っています。

▽京都府立久美浜高等学校　伊達深雪さん

『読書が苦手でも行きたくなる図書館づくり～すぐに真似できるイベント実践事例集～』

今、高校生は本を読まないと言われていますが、本を読まない子も毎日図書館に来る工夫をしています。

「おみくじ」を引いて当たると雑誌の付録がもらえるなど多彩なアイデアで図書館に来るきっかけづくりをしています。貸し出されていない本を使ったゲーム、図書館でボードゲーム、端切れ布でブックカバーづくり、ハロウィーンのかぼちゃランタンづくりなど、予算がなくてもできる斬新なアイデアと工夫でいっぱいの実践事例です。

第20回図書館総合展（２０１８年） スピーカーズコーナー

▽せんとぴゅあ図書パートナーズとしょりん　鈴木哉美さん

『図書館と呼べない図書館での町民協働づくり』

２０１８年７月７日にオープンした、写真文化首都東川町複合交流施設せんとぴゅあⅡの図書館機能「ほんの森」を活用するイベント企画運営ボランティア立ち上げ奮闘記。

▽株式会社ヴィアックス　梶川悦子さん

『私流、ライブラリー・ファシリテーター認定講座活用法』

「ライブラリー・ファシリテーター認定講座」受講後、そこで得たスキルを２つの形で仕事に活用しています。梶川流活用方法についてご説明します。

▽日本社会事業大学　附属図書館　下山朋幸さん

『「希少な存在」の図書館員を目指して～目録のこと、そして科学コミュニケーションのこと～』

私は、今では図書館ですることが少なくなった目録業務をしていて「大学図書館支援機構」認定試験に全5科目合格しました。また、今年度は「科学コミュニケーション」を学んでいて、他の図書館員には無いものを目指しています。

▽八洲学園大学（県立長野図書館）　朝倉久美さん

『図書館をステージに！　遠隔ワークショップによる学びの場づくり』

テレビ会議システムを活用することで、場所や館種を越えた学びの機会を提供できます。県立長野図書館での取り組みをもとに、通信制大学の司書養成科目で実施したワークショッププログラムをお試しください。図書館職員のリカレント研修や学校教育での応用も可能です。

第8章

セカンドライフにつながる図書館ボランティア

広がる人的ネットワーク

今まで知らなかった図書館業界

図書館に関わる団体は一般的には、図書館友の会や図書館協議会が思い浮かびますが、図書館業界では、図書館問題研究会（図問研）、学校図書館問題研究会（学図研）など様々な団体が勉強会や全国大会を催しており、図書館に関係している人であれば誰でも参加できます。もちろん、ボランティアであっても参加できます。このような場の研究発表会や分科会、懇親会で名刺交換すれば、図書館業界の人脈ができます。

私の場合はFacebookの友達が２０００人ほどいます。ほぼ名刺交換した人たちで、その半分は図書館業界です。ボランティアなのに5年ほどでこれほどの人脈形成ができたのは、図書館総合展などで知り合いがいれば誰かを紹介してもらう、こちらから話しかけるなどの精力的な営業活動のおかげです。元々は中高年男性によくある、初対面の人とはあまりしゃべらないタイプでしたが、図書館営業活動で鍛えられ、今では誰とでも平気で話せます。自分が何をしている人か、説明できるコンテンツがあれば話しやすいでしょう。

ボランティア活動を始めた頃は、ひきふね図書館パートナーズを知ってもらうための広報活動でした。後々ここで形成された人脈から、個人的にファシリテーターとして仕事や研修講師の依頼をされることになり、今までの活動の点が線となってつながっていきました。

マイクロ・ライブラリーサミット

マイクロ・ライブラリーサミットとは、全国各地の個人または小規模団体により運営されている小さな図書館（マイクロ・ライブラリー）が集い、事例発表などを通じて想いを共有する場です。２０１３年より始まり毎年大阪で開催しています。公共図書館であるひきふね図書館でまちライブラリーを運営していることから、２０１４年のマイクロ・ライブラリーサミットで発表の機会をいただきました。図書館で運営されているのは稀で、全国では商店街、病院、お寺、大学など様々な本を通した人とつながる場があります。サミットでの交流で全国のマイクロ・ライブラリーオーナーと交流できることが大きな魅力です。ひきふね図書館パートナーズでは、２０１６年に関東地区まちライブラリー活動報告会・交流会を行っています。

聖路加国際大学とのコラボレーション

図書館関連でつながった方から、新たなつながりを紹介されることもあります。図書館問題研究会で名刺交換させていただいた方が聖路加国際大学の図書館員だったことから、大学の研究「ヘルス・リテラシー教育のワークショップ」に参画しました。図書館での一般向けのヘルス・リテラシー教育をワークショップ形式で初めて行うとのことで、図書館イベントのアドバイザーとして参加させていただきました。学術的な内容を高齢者にもわかりやすく伝えることが新鮮で、自分自身の学びにもなりました。

るかなび読書会

聖路加国際大学の近隣に「聖路加健康ナビスポット：るかなび」があります。市民の方が気軽に立ち寄り、健康のこと、身体のこと、病気のことなど、普段ちょっと気になる情報を得る場として、市民と学生・教員の交流の場となっています。定期的に講座や演奏会が行われ、闘病記を中心とした医療関係の書籍がそろえられており、カフェと併設するオープンスペースで講座を行えます。その講座の一つとして「生活習慣を見直す読書会」を開催しました。

聖路加健康ナビスポット：るかなび
http://research.luke.ac.jp/lukeNavi/index.html

ＴＩＰ＊Ｓ（中小機構）

図書館で行う読書会はワークショップとして行っています。イベントの品質向上のためや、ワークショップを学ぶためにＴＩＰ＊Ｓの講座に参加しています。ビジネスマン向けや、ワープショップデザイナー向けのワークショップに、多いときは月に2、３回参加していています。ワークショップを学ぶためにはワークショップに参加するしかないからです。

丸の内にあるＴＩＰ＊Ｓは中小企業の経営者や起業に関心がある人に向けて年間２００回ほどイベントを開催しており、参加費は無料、交流会費は５００円とお手頃です。テーマはビジネススキルからまちづくりまで多彩です。交流会で図書館での読書会の話をしたことがきっかけで、ＴＩＰ＊Ｓでも読書会を開催させていただきました。ビジネス書の「積ん読解消読書会」は好評で、２回開催しました。読書会の参加者が、私が主催する別の講座に参加してくれることもあり、人脈の輪が広がる場です。起業に興味がある方にはおすすめです。

TIP＊S（中小機構）
https://tips.smrj.go.jp

日経40歳からのネクストチャレンジ！

２０１４年に日本経済新聞社の新シニア起業時代プロジェクトとして、「40歳からのネクストチャレンジ！　セカンドキャリアのための戦闘力アップ講座」が開始されました。図書館とは関係がない場所で、自分の世代に近い人達に図書館パートナーズの活動からセカンドキャリアの形成ができることを知ってもらいたく参加しました。

連続講座で、40代以上の企業人に実践的ワークショップを通じて、考える力、問題把握・解決力、コミュニケーション力を身につけることを目的としています。現在8期まで開催されており、１０００人近くのコミュニティがつくられています。このコミュニティの中から起業されている方が何人も出ています。

講座を修了した卒業生が集まって、いくつかの勉強会を運営しています。ここでも、ファシリテーションを学んで頂くために「ビジネス書読書会ワークショップ」を開催しています。「Global English Eleven」というオールイングリッシュの勉強会サークルの幹事になり、英語の読書会も行っています。

「40歳からのネクストチャレンジ！」は現在日経新聞社を離れ、赤羽雄二さんの主催で行われています。

ブレークスルーパートナーズ（赤羽雄二）
https://b-t-partners.com/news/6129

青山学院大学ワークショップデザイナー育成プログラム

図書館で読書会などのワークショップを開催し、ファシリテーターとして場づくりを行うことは、自分がワークショップに参加することで体験的に習得し実践していました。どこかで体系的にワークショップデザインやファシリテーションを学びたいと思っていたときに出会ったのがＷＳＤ（青山学院大学ワークショップデザイナー育成プログラム）です。

プログラムの内容は講義とワークショップの実践と観察を行い、内省とフィードバックにより理解を深めていきます。ワークショップの最後の実践は小学生を対象とした内容で、子供向けのワークショップは大人向けより難しく、それ以上に楽しく、ワークショップデザイナー兼ファシリテーターとして貴重な体験ができました。

ＷＳＤでは現在修了生が２０００人を超えており、大きなコミュニティとなっています。同期生のつながりは特に密度が高く、定期的に連絡を取り合って学びを共有したり、新しいワークショップの相談をしたりしています。

青山学院大学ワークショップデザイナー育成プログラム
http://wsd.irc.aoyama.ac.jp

ソーシャル・キャピタル（社会信頼関係性資産）の形成

もし、そのまま会社人間だったら

もし、私が図書館ボランティアに出会わず、そのまま会社と家の往復だけの人生を歩いていたとしたら、地域活動で知り合った人たちに出会わなかったら、と思うとゾッとします。

もちろん友人がいないわけではないですが、おそらく人生に対しての考え方が一方向だけしか持てなかったと思います。会社は当然、定年まで働き、雇用延長で65歳まで仕事をして、65歳からは年金をもらって暮らしていく。シルバー人材センターなどに登録しているかもしれません。

セカンドライフを考えるうえで、「起業」を一つの選択肢として考えられるようになったのは、ボランティア活動のおかげです。図書館でのボランティア活動で、会社では学べなかったスキルや、本業とは関係のない業種の方々と知り合えたことで、自分の世界観が大きく広がりました。

地域で活動している人たちと一緒にいると、今失業しても何とかなるな、という感覚があります。会社の給料以外で稼いでいるわけではないですが、自分を信頼してくれている人たちがいることを実感できるので、地元での暮らしに安心感があります。

人との出会いを増やすことは、人生のチャンスを増やすことです。そのことを頭でわかっていても、会社一筋の人には実践することは難しいのではないでしょうか。

人生の選択肢は一つだけ？

過日、会社でキャリアプラン研修がありました。定年まであと5年の55歳の社員が対象です。講座は20人の参加者が5人一組になってグループワークで行います。東京勤務者だけではなく、各地の事業所から出張で講座を受けに来ています。自分のこれからのキャリアを、現状でもっているスキルや適性を分析しながら、定年後のあるべき姿とこれから5年後の行動計画をつくる講座です。

私の会社は大手製造業会社のＳＩ事業子会社です。大手なので給料は悪くありませんし、福利厚生もしっかりしています。この講座に参加したことにより、日頃危惧していたことを現実に目の当たりにすることになりました。プログラムのなかで自分の価値観を分析するワークがありました。いくつかの価値観の中から、自分にとって価値があることと、価値がないことの上位三つを決めるワークです。私にとって価値があることは、新しいことにチャレンジすること、変化することなどで、価値がないことは安定していること、変化がないことです。

驚いたことにグループ5人中3人が私と真逆でした。つまり、彼らは新しいことは学びたくない、変化もしたくない、安定した生活を送りたいと言うのです。ちょっとまってください。あと5年で定年退職です。人生の大きな変化がもうすぐ来るのに、どうすれば安定した生活を送れるのでしょうか。私にとって変化しないこと、変容しないこと、現状維持は死ぬことと同じです。彼らは本当に変化したくないのかというと、そうではなく会社の外の世界を知らないのです。稼ぐ方法が会社に勤めていることしか思いつかない。だから、今までどおりに会社勤めでいたいと考えるのです。セカンドライフの選択肢についても、再就職を探すか、シルバー人材センターぐらいしかアイデアがでてきません。自分で起業して稼ぐ発想は全くもっていません。他の人から話しを聞いてみても、とりあえず資格取得のための勉強をしたい、でもまだ何の資格を取るか決めていない。おそらく、その場で何かしなくてはならないと考え、思いついたのでしょうが、普段から何も考えていないわけです。

なぜ、図書館で毎朝新聞を読みに来ている高齢者が多いのか、理由がわかりました。彼らはなにも考えていないのです。定年後は趣味に時間を使いたいなどと言いますが、３６５日趣味だけで生活できるでしょうか。大抵の人は生活者であり、仕事を持っています。仕事を通じて社会とのつながりがあります。定年は一つのチャンスです。新しい自分を見つけて、新しいことにチャレンジできます。退職金や年金などがあれば、生活レベルによりますがそれほど大きな収入は必要ありません。今まで人に使われてきた人、自分の時間をお金のために使ってきた人は、自分の好きなことに時間を使って生活を変容させるチャンスです。

もうひとつ彼らを現状維持させているのは、会社の仕事以外の経験がないからです。会社以外のコミュニティに属したことがないので外の世界がわかりません。自分の常識が会社のなかで完結してしまっている。そうすると、サラリーマン的生活からの発想の転換が難しくなります。異業種が集まる勉強会、講座、地元の地域活動のコミュニティなどに参加して「外の世界」を認識することが必要だと感じました。

ここで言う「外の世界」とは既知以外の世界のことです。自分の常識の範囲の外側に出てみないと、何があるかわかりません。今自分の世界だけが存在していますが、それはこの世界の一部であり微小なことです。長年積み重ねてきた知識や常識はその人の土台や立ち位置になりますが、いつかは風化し陳腐化します。環境の変化に合わせて自らも変化できる柔軟な精神を常に新陳代謝していくことで新たな世界が広がります。そのためには、自ら外の世界に身をおくことが一番の近道と言えるでしょう。

新しいコミュニティを探すにはアンテナが必要です。まずは気になったキーワードでセミナーや勉強会を検索してみましょう。

セミナーでは受講者同士の交流タイムを設けている場合があります。積極的に話しかけて名刺交換しましょう。ここで使う名刺ですが、会社の名刺でも構いませんが、個人でつくった名刺があればより良いでしょう。自分で自分のブランド名、肩書、スキルや資格など自由につくれます。連絡先はメールアドレスだけで構いません。ちょっと変わったことを書いておけば、会話の糸口になりスムーズに打ち解けあえるでしょう。交流会で知り合った人とはその場でFacebookの友達申請をしてゆるいつながりをつくりましょう。「外の世界」と交流する場合は、会社の名刺ではなく個人ブランドの名刺を持つことをおすすめします。肩書は自分で新しい職種をつくってしまえば問題ありません。

ソーシャル・キャピタル（社会信頼関係性資産）の形成

図書館ボランティアのメリットとして、ソーシャル・キャピタル（社会信頼関係性資産）を形成できることが大きいです。ソーシャル・キャピタルとは、地域での人と人との信頼関係や個人と社会の間にあるボランティア組織など社会的ネットワークを指します。トップダウン型ではなくフラットな自発的に活動できる関係性です。

トップダウン型組織では　意思疎通も一方的になりがちです。フラットな組織であれば皆に対等な権利があり、誰からでも行動を起こせますが、お互いに理解して進める必要があるため時間がかかることもあります。他者理解には対話が必要ですが、それには時間がかかります。

地域社会でソーシャル・キャピタルを形成するためのシミュレーションとして図書館パートナーズのようなボランティア活動が最適です。上下関係のないフラットな組織を運営することは、実は難しいです。それぞれの個人が自立していることが要求されるからです。自立していない人たちへの振る舞い方を知っておくことも重要です。

地域での信頼資産の形成

ひきふね図書館パートナーズの役割の1つは、図書館の外のコミュニティとつながりを持つことでした。地域で生活している市民は所属しているいくつか地元コミュニティから、その参加者の紹介で数珠つなぎにコミュニティをつなぐことができます。

地域のコミュニティで図書館イベントの営業活動、地元産業の社長に講演会の依頼、市民ボランティア活動の紹介、ビジネスパーソン向け読書会での交流会など活動を広げていくうちに、地域での「図書館の人」の認識が高まります。「図書館のボランティアです」と言って嫌な顔をする人はいません。図書館はお金をとったり、物を売ったりしないので信用度は抜群に高いです。

お金儲けではないのになぜこの人はこんなに一生懸命なのだろうと思われることもありま

す。すみだストリートジャズフェスティバルは今では墨田区の大きなイベントの一つになっています。まだ、錦糸町周辺のみで開催していたときに、図書館でもなにかお手伝いしたいと思い、図書館をジャズフェスの会場にしようと考え、ジャズフェス主催者の方に会いに行きました。図書館には館内でジャズ演奏はできないとダメ出しされたので、館内で写真展と動画をサイネージに流すことにしました。演奏会は近隣の地域プラザを紹介し、そちらで演奏会をしてもらいました。「小田垣さんって何している人ですか？」と主催者の方に聞かれたことが印象的でした。なんでこの人はこんなに一生懸命なのだろう？と思われたはずです。答えは「楽しい」からです。自分のできること、自分の持っている情報や人脈で地域の役に立つことがうれしかったからです。アメリカの心理学者マズローが言う、「自己実現は社会貢献が伴わなければならない」ことを実感しました。片手間のボランティアではなく、その枠を越えた行動をすれば、人から信頼されることを確信しました。

墨田区にはまちづくりに関わって活動している方が多数います。図書館のボランティア活動をしていると、自然につながりができ、地域コミュニティのなかで「ガッキーといえば図書館」のブランドイメージもできてきます。地域での人と人のつながりができ、信頼資産ができれば、地域社会で生きていくことに不安はありません。これからの人生のなかのお金に変えられない大きな資産です。
私には息子が二人います。二人とも墨田区の会社で働いています。特に長男は就職活動が厳しい時期だったので就職浪人になってしまいました。その間、ひきふね図書館パートナーズのメンバーとして図書館のオープニングや引っ越しの撮影を担当していました。私が関わっていた子育て支援のボランティアで一緒に活動していた社長さんが話を聞いてくれて、面接に来ないかと言ってくれました。現在もその会社にお世話になっています。次男は地元産業の求人に面接に行ったときに「お父さんって図書館の人?」と聞かれたそうです。(笑)
もちろん子供自身の個性と能力を見て雇用されたと思いますが、親の顔が見えて、親が何をしているかわかっていることも、子供が信用してもらえる理由になります。もし、私が地域でつながりが全くなければ、どうなっていたかはわかりませんが、地域での信頼資産が働いた実例だと言えるでしょう。

墨田区男女共同参画情報誌『にじ』(2014.10.1)で、ひきふね図書館パートナーズの活動についてのインタビューに私はこう答えています。
「僕も50歳を過ぎまして、セカンドライフを考えるようになりました。これからの生き方ですね。会社の中の自分だけではダメだと思うんです。僕の場合は、この活動を通して、出会いやつながりが広がりました。一人で本を読んでいた頃とは、比べものにならない。失業してもきっと大丈夫だって思えるくらいです。前向きにやりたい思いをぶつけていけば、信頼を得ることができる。信頼を得られれば、協力を得られる。それがわかって、自信になりました。そうやって、どんどん人脈がつながっていくのです。いろんな価値観があって、いろんな世界観がある。自分の世界と可能性が、大きく広がりました。」

このときに考えていたことは今も同じです。セカンドライフへの準備は着々と整っています。２０１８年のがん発病がなければ独立した活動を開始する予定でした。

セカンドライフの図書館活用方法

身近にあって、いつでも利用できて、お金がなくても知的好奇心を満たしてくれる。そんな存在が図書館です。時間的余裕がある定年後ライフには欠かせません。図書館に来ている中高年男性の姿はよく見かけますが、だいたいの方が新聞や雑誌を閲覧しているだけのようです。図書館の資料は何十万冊もあり一生かかっても読みきれないほどです。その中から、限られた人生の時間で何を読むかは重大な問題だと私は思います。そのためには、興味を持っている事柄についての本を探さなければなりません。一つの図書館だけではなく複数館利用することで、普段目にしない書籍なども入手可能になります。最後にガッキー流120％図書館を活用する方法をご紹介します。

図書館を複数館利用

みなさんは何枚の図書館利用者カードを持っているでしょうか？ 普通は在住地で1枚と在勤地で1枚ぐらいですよね。私は合計で10枚持っています。半分は通勤経路に存在し、頻繁に利用しています。

よく使う図書館は、墨田区、江東区、江戸川区、千代田区、港区、台東区です。それぞれ、貸出冊数や予約冊数が違うので、枠内で予約貸出ができるように考えて予約を入れます。何度も図書館に通うことを避けるため、なるべく返却日と受取可能日が重なるよう工夫して、受取と返却が一度に済むようにします。

地域によっては、図書館間で「相互貸借」ができます。これは自分が利用している図書館に蔵書がなく、他の図書館に蔵書がある場合に図書館同士の貸し借りで利用できる制度です。

これも便利ですが、対象が書籍に限られていたり、ＣＤやＤＶＤは対象外だったり、時間がかかってしまうことが難点です。ですので、自分で利用者カードをつくって借りに行ってしまう方が資料を早く使えます。

全国図書館検索 カーリル

この「複数館利用」と「カーリル」のおかげで私の読書量は飛躍的にアップしました。インターネットのブログや記事で気になった本があると、すぐに「カーリル」で検索します。「カーリル」は日本最大の図書館検索サイトです。日本全国の図書館を検索できますが、自分の利用する図書館を登録しておけば、どの館が蔵書していて、貸出中か貸出可能かまでわかります。貸出可能な図書館で「予約する」をクリックすれば、その図書館の予約画面に移動できます。貸出中であっても、一番予約待ちの少ない図書館で予約できます。これが、複数館利用の大きなメリットです。

とにかく、記事や本を読んで、気になった書籍はカーリルで検索する、すぐ読める図書館で予約する。これを日に5、6回はしています。予約がいっぱいですぐに読めない場合は、カーリルのおすすめ本から選んで借りたりもします。

読書メーター

本は1日1冊ペースで読んでいますので、読んだ本の管理が必要です。そのために読書サイトを利用しています。他にも読書サイトはありますが、使い勝手がよい、知り合いが多い、FacebookやTwitterと連携できる、などから読書メーターを使っています。書評も250文字ぐらいなので、さっと書けるところも気に入っています。読書傾向が似ている相性のいい読書家さんの紹介もあります。その読書家さんの読書歴やレビューで新たな本との出会いがあります。

リブライズ

自分の書棚にある「買った本」の整理は、「リブライズ」を使います。バーコードリーダー（2000円ぐらいで買えます）でISBNコードを読み込むだけで登録できます。自分の本を図書館のボランティア用倉庫においていたり、誰かに貸していたりするので、読書会で使う本を選択するときに便利です。まちライブラリーで使えば、スマホを貸出券として貸出返却ができます。

貸出／予約を一元管理できるアプリがほしい

複数館利用をしていると、必然的に図書館に行く頻度が増えてしまいます。通勤時に途中下車をして、予約本を取りに行ったりしますので、効率良く予約の受け取りと返却を同時に行えるよう工夫をします。そのため、予約を入れる日を調整したり、貸出延長ができる図書館は延長をしたりします。これらの調整は各図書館の利用状況をチェックしなければならないので、私が今一番ほしいのは、複数館の利用状況をまとめて管理できるアプリです。誰かつくってくれませんか？　きっと需要があるはずだと思います！

参考文献
礒井 純充　他著『マイクロ・ライブラリー　人とまちをつなぐ小さな図書館』　学芸出版社
スティーブン・R・コヴィー著『7つの習慣』　キングベアー出版

おわりに

さて、みなさまには図書館パートナーズのつくり方についておわかりいただけたでしょうか。ご質問などありましたら、お気軽にメールでお問い合わせください。

odagaki@libraryfacilitator.com

まさかのがん発症

本書の執筆依頼を受けたのは２０１８年1月でした。ひきふね図書館で行われた北村志麻氏の出版記念講演会の席で郵研社の登坂氏から打診されました。書籍出版はそれ以前から構想を考えていて、企画書も書いていたので、その場で承諾しました。それまでの構想では「定年後のボランティア活動」をテーマに考えていましたが、ひきふね図書館パートナーズをモデルとしたボランティア活動とコミュニティ形成について書くことで執筆を開始しました。出版予定は図書館総合展の開催にあわせればと考えて２０１８年10月を予定していました。

その1ヶ月後、２月に健康診断でがんが発覚しました。精密検査の結果、その場でがんであると宣告されました。そのときは自分でも驚くほど冷静でした。虎ノ門病院の消化器外科の先生を紹介され、その日の午後に受診すべき全ての検査の日程を決めました。３月になり検査の結果、ステージⅢの食道胃接続部がんと確定しました。絶望はなく検査結果を見て治療計画を立てなくてはと考えていました。自分でも不思議ですが恐怖心はなかったです。

3月から4月にかけて2ターンの化学療法を行いました。食道がんですが、性質的に胃がんに近かったため、分子標的薬が使えました。抗がん剤の副作用はほとんどなかったので、服用中でも日帰りの旅行ができました。副作用がなくて効果が出ているのか懐疑的でしたが、治療後の検査結果でがんの縮小が確認されたので安心しました。

5月に12時間に及ぶ胸・腹腔鏡下手術を行いました。食道と胃の一部の摘出と、結腸を使った食道の再建手術です。術後の経過は極めて順調で自分で歩いてＩＣＵから病棟に移りました。しかしながら、術後に再建した食道部分のけいれんで嘔気と発作があり退院は6月末となりました。

退院後は自宅でウォーキングなどをしながら療養していましたが、1ヶ月ほどの間隔で数回嘔気の発作がおこり、その度、救急搬送され入院となりました。会社復帰は10月からとなり、現在時短で勤務しています。発作は2ヶ月間隔ぐらいになり快方に向かっていましたが、年末年始にも発作がおこり入院しました。

退院後に執筆活動を再開しようとしても、入退院の繰り返しで気力が戻らず原稿を書けない状況でした。ようやく落ち着いてきた２０１９年3月から執筆再開となりました。

チャレンジ再開！

命に関わるようなアクシデントを乗り越え、本書を出版できたことをうれしく思います。療養中はひきふね図書館パートナーズの活動は一切できませんでしたが、他のメンバーが問題なく運営してくれました。個々のメンバーが自立的に活動する図書館パートナーズはメンバーが欠けても持続的に運営できる証明です。

これからは、自分の新しい特性である「がんサバイバー」としての活動も視野に入れたいと思っています。がんはなってみなければわからないことが多いです。治療方法についても情報が過剰供給され、何が正しいのか判断が難しいです。図書館とヘルス・リテラシーとは相性が良く、がんサポートをテーマに活動を開始しています。

人生は本当に何が起こるかわかりません、がんになったことで「今」を大事に生きることを痛切に感じました。いつかやろうと思っていることは今やりましょう。命が一番大切ですが、命とは時間です。時間を無駄にすることは、命を無駄にすることです。人生は限られています。今、始めることで何も損はないです。やりたいことはやりましょう。やりたくないことはやめましょう。そして、楽しい人生を謳歌しましょう！

最後に、『図書館パートナーズ』設立に尽力された北村志麻さん、本当にありがとう。そして、素晴らしい活動を続けている「ひきふね図書館パートナーズ」のメンバーに感謝します。今まで同様、図書館からのコミュニティづくりを目指し、新しいことにチャレンジしましょう。これからもよろしくお願いします！

令和元年9月15日

小田垣　宏和

〈著者プロフィール〉

小田垣 宏和（おだがき　ひろかず）

「図書館パートナーズ」代表

1964年神戸市生まれ。ハワイ・パシフィック大学 コンピューター・サイエンス学部卒業。ＩＴ関連企業に勤務。2012年から墨田区ひきふね図書館パートナーズの発足に参画し、行政と協働する新しい図書館ボランティア活動を創生。その活動のなかでファシリテーション、ワークショップデザインを学び、2015年に「ライブラリー・ファシリテーター養成講座」を開発。ワークショップ型企業研修のワークショップデザイナーとして、企業や自治体の研修、ビジネスパーソン向けワークショップなど多数開催。

＜研修実績＞

埼玉県立図書館、志木市立図書館、丸善雄松堂㈱、㈱ヴィアックス、桐蔭横浜大学など

＜著書＞

「マイクロ・ライブラリー 人とまちをつなぐ小さな図書館」学芸出版社（共著）

一般社団法人リードフォーアクション協会認定リーディング・ファシリテーター

青山学院大学社会情報学部ワークショップデザイナー育成プログラム修了

墨田区ひきふね図書館パートナーズ
ワークショップ・ラボ 主宰

Email：odagaki@libraryfacilitator.com

図書館《としょかん》パートナーズのつくり方
～図書館からのコミュニティづくり～

2019年10月29日　初版第1刷発行

著　者　小田垣 宏和　　ⓒ ODAGAKI　Hirokazu

発行者　登坂 和雄
発行所　株式会社　郵研社
〒106-0041　東京都港区麻布台3-4-11
電話（03）3584-0878　FAX（03）3584-0797
ホームページ http://www.yukensha.co.jp

印　刷　モリモト印刷株式会社

ISBN978-4-907126-29-2　C0095
2019 Printed in Japan